Sabine Börchers
Darmstadt-Dieburg entdecken

W0229096

Sabine Börchers

DARMSTADT– DIEBURG ENTDECKEN

societäts\verlag

Aus Gründen der besseren Lesbarkeit wird auf eine geschlechtsneutrale Differenzierung verzichtet. Die hier verwendeten Personenbezeichnungen beziehen sich – sofern nicht anders kenntlich gemacht – auf alle Geschlechter.

Der Umwelt zuliebe nicht in Folie verpackt.

Alle Rechte vorbehalten · Societäts-Verlag
© 2023 Frankfurter Societäts-Medien GmbH
Satz: Julia Desch, Societäts-Verlag
Umschlaggestaltung: Julia Desch, Societäts-Verlag
Umschlagabbildung: KittyVector/Shutterstock, Anatolir/Shutterstock, lady-luck/Shutterstock, GoodStudio/Shutterstock, NTL studio/Shutterstock, IGORdeyka/Shutterstock, robuart/Shutterstock, Sunshine-Vector/Shutterstock, Pavlo Plakhotia/Shutterstock, Bonezboyz/Shutterstock, Macrovector/Shutterstock, GoodStudio/Shutterstock, Elena Istomina/Shutterstock, Tartila/Shutterstock, Faber14/Shutterstock, Siberian Art/Shutterstock, Vector_Up/Shutterstock, GoodStudio/Shutterstock, matsukiyo8379/Shutterstock, Ute Storch/Storch Design
Druck und Verarbeitung: Finidr Printing House
Printed in EU 2023

ISBN 978-3-95542-447-3

Besuchen Sie uns auch im Internet:
www.societaets-verlag.de

INHALT

VORWORT

Gut 650 Quadratkilometer groß ist der Landkreis Darmstadt-Dieburg und damit etwas kleiner als die Stadt Hamburg. Die Vielfalt, die in den deutschen Großstädten gerne besungen wird, kann Darmstadt-Dieburg ebenso bieten. Allein schon landschaftlich durch die weiten Ebenen des hessischen Rieds, die Erhebungen des nördlichen Odenwalds und die romantischen Täler der Bergstraße. Doch das ist bei weitem nicht alles: Ob beschauliches Idyll im Grünen, eine Welterbe-Stätte, diverse Schlösser oder gemütliche Fachwerkstädtchen mit interessanter Historie, ob modernes Shoppingcenter oder Gemüse & Obst direkt vom Hof, ob Internationales Filmfest, Passionsspiele, Mittelaltermarkt, Halloween-Festival oder romantischer Weihnachtsmarkt, ob polnisches, portugiesisches, afrikanisches, indisches Restaurant oder gutbürgerliche Küche, ob Naturschwimmbad, Golfplatz, Kartbahn oder Großsauna, in Darmstadt-Dieburg ist das alles zu finden.

Mehr als in den großen Städten aber hängt die Vielfalt hier von engagierten Menschen ab, die sich in Vereinen organisieren, Ideen umsetzen und auch mal über Ortsgrenzen hinweg gemeinsam etwas auf die Beine stellen. Sie sind in allen 23 Kommunen des Kreises zu finden, wenn sie auch weniger werden. Der Einsatz dieser Menschen sorgt zudem häufig dafür, dass jede Stadt und jede Gemeinde Darmstadt-Dieburgs ihren eigenen Charakter bewahrt hat. Historische Bausubstanz und Traditionen werden gepflegt, besondere Feste aufrechterhalten. Es gibt doch nichts Schlimmeres, als überall nur noch Oktoberfest zu feiern!

Ich habe versucht, in diesem Buch die Einzigartigkeit der 23 Städte und Gemeinden Darmstadt-Dieburgs herauszuarbeiten und war selbst erstaunt, was ich dabei alles zusammentragen konnte. Als langjährige Frankfurterin habe ich es mit dem manchmal idealisierenden Blick von außen getan, und aufgrund der großen Zahl der Kommunen konnte ich es nur in aller Kürze. Dennoch soll das Buch einen Überblick geben und gleichzeitig Lust machen, Orte, die noch nicht so stark auf der touristischen Landkarte verzeichnet sind, zu entdecken. Und vielleicht inspiriert es auch die Menschen in Darmstadt-Dieburg, mal wieder über den Tellerrand hinauszuschauen und die Städte oder Gemeinden jenseits der eigenen Ortsgrenze für sich selbst zu erkunden.

Ich habe die folgenden Seiten dafür in unterschiedliche Kategorien aufgeteilt, für Leserinnen und Leser, die gerne wandern, mit dem Fahrrad fahren, für jene, die mit Kindern unterwegs sind, oder andere, die lieber bummeln, in Hofläden einkaufen oder gut essen gehen wollen. Ich erhebe dabei keinen Anspruch auf Vollständigkeit. Bei 23 Städten und Gemeinden musste ich an vielen Stellen eine Auswahl treffen, die natürlich rein subjektiv ist. Wegen der Lesbarkeit haben wir uns entschieden, den einzelnen Institutionen keine Internetadresse anzufügen und zudem auf Gendersprache zu verzichten. Die Orte sind aber auf der informativen Internetseite des Landkreises unter *www.darmstadt-dieburg-entdecken.de* zu finden. Ich habe zwar alle Angaben nach bestem Wissen geprüft, rate aber dennoch dazu, vor jedem Besuch nachzuschauen, wie die Öffnungszeiten und Bedingungen vor Ort sind. Gerade nach der Coronapandemie und in Zeiten von Energiekrise und Inflation kommt es immer wieder vor, dass Feste verschwinden, Läden kurzfristig schließen und Restaurants aufgeben müssen.

Die Idee zu diesem Buch entstand anlässlich des 60. Hessentags in Pfungstadt im Sommer 2023. Ihn nimmt hoffentlich nicht nur das Land zum Anlass, sich selbst zu feiern, sondern auch der Kreis Darmstadt-Dieburg mit seinen Menschen. Verdient hätten sie es!

Ich danke dem Landkreis Darmstadt-Dieburg und speziell Jutta Janzen für die große Unterstützung bei diesem Buchprojekt. Darüber hinaus gilt mein Dank allen Institutionen und ihren Mitarbeitenden für die zur Verfügung gestellten Informationen und Fotos. Und ich danke Bernd Dörwald für viele schöne Bilder sowie meinem Mann Thorsten Willig, der mit mir auf die Reise durch den Landkreis gegangen ist und ebenfalls Fotos beigesteuert hat.

Sabine Börchers, Januar 2023

Erzhausen

Messel

Weiter-
stadt

LANDKREIS

DARMSTADT–

DIEBURG

Roßdorf

Gries-
heim

Modau

Ober-
Ramstadt

Pfungstadt

Mühltal

Bickenbach

Seeheim-
Jugenheim

Modautal

Alsbach-
Hähnlein

Baben-
hausen

Gersprenz

Epperts-
hausen

Münster

Schaafheim

Dieburg

Groß-
Umstadt

Groß-
Zimmern

Reinheim

Otzberg

Groß-
Bieberau

Fisch-
bachtal

AUSBLICK AUFS MITTELALTER
ALSBACH-HÄHNLEIN

Das milde Bergstraßenklima zieht besonders im Frühjahr viele Besucher in die Gemeinde, nicht nur wegen der frühen Blütenpracht. Zwei Orte wachsen hier seit 1977 zusammen, Alsbach mit seinen Villen und dem Schloss und das eher ländlich geprägte Hähnlein. Der bekannte jüdische Bildhauer Benno Elkan, Schöpfer der Großen Menora vor der Knesset in Jerusalem, lebte acht Jahre lang in Alsbach. Sehenswert ist auch der jüdische Friedhof, zu dem erste Hinweise aus dem 15. Jahrhundert stammen. Er ist einer der ältesten und größten der Region. Der rund 4.000 Jahre alte Hinkelstein am Westrand von Alsbach ist ebenfalls eine Rarität. Der 67 Zentner schwere Malachit wurde aus dem etwa zwei Kilometer entfernten Steinbruch dorthin gebracht. In Hähnlein gibt es seit den 1980er Jahren ein liebevoll gepflegtes Museum in der früheren diakonischen »Knaben-Rettungsanstalt«. Zudem bietet Nicole Rieskamp private Kulturspaziergänge an. Gut ausgebaute Wander- und Radwege an Odenwald und Bergstraße entlang ziehen ebenfalls die Touristen an. Und wer ausgiebig gewandert ist, der kann sich am Parkplatz Herzog-Ulrich-Ruhe in einem Kneippbecken abkühlen.

Hinkelstein-Replik am Kreisel

Museum in der Anstalt

Das **Schloss Alsbach** ist ursprünglich als Burg Bickenbach entstanden. Der Charme einer alten Burg ist geblieben. Heute wird hier das Mittelalter lebendig gehalten. Im Schlossgarten wachsen alte Kräuter, Reb- und Rosensorten. Beim Kinderfest können sich diese zum Ritter schlagen lassen und die Arbeiten in der Schmiede verfolgen. Der Förderverein hält mit viel Engagement die Burg instand und pflegt die Gärten.

Das **Museum in der Anstalt** konzentriert sich auf das Alltags- und Arbeitsleben der vergangenen Jahrhunderte. Unter dem Motto »Früher war nichts besser« kann man alte Waschtröge und Waschbretter entdecken. Eine präparierte Ziege weist auf die Bedeutung der Zucht in Hähnlein hin. Im archäologischen Kabinett steht ein Mammutzahn. Sonderausstellungen beschäftigen sich mit bekannten Karikaturisten. Für Kinder gibt es spezielle Führungen.

Gernsheimer Str. 36

Schuhmacherei im Museum

Seit gut einem halben Jahrhundert feiern die Alsbacher das **Görschelfest**. Im Wald oberhalb der Hirschpark-Klinik hat der Gesangsverein einst eine Hütte errichtet, zu der an Christi Himmelfahrt traditionell aufgestiegen wird. Die Belohnung lautet: Bier, Bratwurst und Gesang.

Das **Hähnleiner Marktplatzfest** findet traditionell im Juni statt. An drei Tagen gibt es Musik und Tanz in Hähnleins Zentrum.

In Alsbach wird am ersten Septemberwochenende rund ums Rathaus **Kerb** gefeiert. Dort steht der Kerbebaum, startet der Bieranstich und ist die Kerweredd zu hören. Die **Hejner Kerb** steigt Mitte Oktober mit Festumzug und Kerwespruch auf dem Marktplatz.

Der **Adventsmarkt in Hähnlein** öffnet am Samstag vor dem ersten Advent auf dem Marktplatz am Dorfgemeinschaftshaus. Am gleichen Wochenende bietet das **Wintermärchen auf Schloss**

Alsbach weihnachtliche Stimmung mit Karussells und Kunsthandwerkständen, dazu Gauklern und Feuershows im historischen Ambiente.

Ritterspiele beim Pfingstmarkt

Besonderer Tipp: Mittelalterliches Handwerk und Geschichte zum Anfassen bietet der **Historische Pfingstmarkt** im Alsbacher Schloss. Es ist der größte Markt dieser Art in der Region. Ritter und Gaukler treten dort auf, Handwerker- und Krämerstände bieten ihre Waren an. Auch für Kinder ist es stets ein besonderes Erlebnis.

Den **Bienenlehrpfad** zwischen Alsbach und Zwingenberg hat der Hobby-Imker Hendrik Steinack angelegt. Auf der alten Bergstraße aus Alsbach kommend, steht an den ersten Rebhängen ein Hinweisschild. Auf dem Lehrpfad kann man einen Bienenstand sehen, dazu elf Schautafeln. Von den Ruhebänken hat man einen Ausblick bis in die Rheinebene. Der Weg verläuft oberhalb des Bergsträßer **Blütenweges** (HW3), dessen erste Etappe bis Zwingenberg geht.

Vom Parkplatz Sperbergrund aus lässt sich eine Wanderung über den Darsberg zum **Melibokus** unternehmen. Der 517 Meter hohe Berg, die höchste Erhebung der Hessischen Bergstraße, ist ein beliebtes Ausflugsziel. Vom Turm

aus schaut man bei guter Sicht bis zu den Vogesen. Im Fuß des Turms kann man sich verpflegen.

Alsbach-Hähnlein ist Teil des **Burgensteigs** (HW37) zwischen Darmstadt und Heidelberg. Eine Etappe von rund 13 Kilometern führt von Seeheim-Jugenheim über das Alsbacher bis zum Auerbacher Schloss. Sie beginnt in Seeheim nahe der Tram 8. **Ludwigstraße**

Eine 33 Kilometer lange **Mountainbike-Tour** (Ndl.B1), die der Geo-Naturpark Bergstraße-Odenwald entwickelt hat, beginnt in Alsbach am Parkplatz Sperbergrund, führt über Jugenheim und Seeheim über den Gipfel des Melibokus am Alsbacher Schloss vorbei zurück.

Blütenweg

Die Burgschänke auf Schloss Alsbach.

»Mädde Drin« heißt der Förderverein, der Hähnlein beleben will. Deshalb haben die Mitglieder im Dorfgemeinschaftshaus ein **Café am Marktplatz** eingerichtet, das mittwoch- und freitagnachmittags öffnet und ein Treffpunkt für alle sein soll.

Die **Burgschänke auf Schloss Alsbach** ist am Wochenende nicht nur ein beliebter Ausflugsort. Es gibt dort auch e n kleines Tiergehege mit Hühnern, Kaninchen und zwei Pfauen, also ideal für Kinder. Die Küche dort ist gutbürgerlich mit regionalen Zutaten. Besonders schön sitzt man im Burghof.

Hofladen Kehr

In dem kleinen, aber feinen **Hofladen Kehr** werden Obst, Gemüse und Kartoffeln aus eigenem Anbau, dazu Hausmacher Wurst und Fleisch aus eigener Schlachtung angeboten. Dazu gibt es Produkte von den Höfen aus der Nachbarschaft, etwa vom Betrieb Rotes Höhenvieh vom Landbach. **Weilerstraße 9**

Rund um die Uhr geöffnet ist der **Regiomat** der Familie Rechel in Hähnlein. Dort gibt es Eier, Hausmacher Wurst, Molkereiprodukte und Honig aus der Region. **Gernsheimer Straße 37**

Im Alsbacher Schöntal bewirtschaftet die Familie **Kühnert** zwei Hektar Weinberge. Wer vorher anruft, kann auf ihrem **Weingut** Weiß-, Rot- und Roséweine, Sekt, Seccos und Säfte kaufen. **Kirchstr. 14b**

Regiomat

Nomen est omen...

... Weingut Kühnert im Alsbacher Schöntal

CHARMANTE FACHWERKSTADT
BABENHAUSEN

Die Stadtmauer in Babenhausen zeigt noch heute an vielen Stellen, wo der mittelalterliche Ort verlief. Viele hübsche Fachwerkhäuser und Hinterhöfe sind auch in den fünf Stadtteilen Harpertshausen, Harreshausen, Hergershausen, Langstadt und Sickenhofen erhalten und werden von den Bewohnern gepflegt und herausgeputzt. Sie machen den Charme der Stadt aus, die an der Deutschen Fachwerkstraße liegt. Kleine inhabergeführte Läden in den Gassen der Altstadt und der Fußgängerzone, die die Babenhäuser liebevoll Bummelgass nennen, laden zum Verweilen ein. Wer mehr über die Historie erfahren will, findet auf der Internetseite der Stadt einen informativen Altstadtrundgang. Babenhausen ist auch Pferdestadt, mit eigenen Wildpferden. Wera, Walli, Wilma, Wendy und Wanda nebst Hengst Haiper sind Przewalskipferde, die den Sandrasen auf dem ehemaligen amerikanischen Truppenübungsplatz beweiden und die Artenvielfalt fördern. Das 65 Hektar große Areal südöstlich der Stadt ist das größte Vorkommen von Dünen mit offenen Grasflächen in der Untermainebene. Ein Spaziergang um das Gelände bietet sich ebenso an wie Wanderungen oder Radtouren im Wald, denn Babenhausen ist eine der waldreichsten Städte Hessens. Radler können hier die in Stockstadt beginnende Themenradroute Wassererlebnisband Gersprenz starten, die bis Reichelsheim geht.

Ältester Fachwerkbau der Stadt

Besonderer Tipp: Der frühere Herrenhof der adeligen Familie Gayling von Altheim beherbergt das **Territorialmuseum**. Auf drei Stockwerken wird seit 2014 die Stadtgeschichte interaktiv präsentiert. Im Souterrain wurde ein Hügelgrab aus der Keltenzeit nachgestellt, das man in Harreshausen noch im Original sehen kann. Im Dachgeschoss steht die Nachbildung des Räubers Hölzerlips, Anführer einer Räuberbande aus dem frühen 19. Jahrhundert. Das echte Richtschwert zeigt, welche Strafe seine Kumpane erhielten. Die Besucher können Erinnerungsfotos mit Räuberweste und Schlapphut machen.
Amtsgasse 32

Pfarrer haben keinen Humor? Hans-Joachim Greifenstein und Clajo Herrmann beweisen seit 1997 das Gegenteil mit ihrem **Ersten Allgemeinen Babenhäuser Pfarrer(!)-Kabarett**. Ab und zu sind sie auch noch in der Heimat zu sehen.

Das Wahrzeichen der Stadt ist der **Hexenturm**, einst Wehrturm und Gefängnis. Direkt daneben steht das älteste Fachwerkhaus der Stadt, erbaut 1462. Ein städtischer Flyer und Hinweistafeln an den Häusern ermöglichen einen individuellen Rundgang.

Territorialmuseum

Hexenturm

WANDERN

Der rund vier Kilometer lange **Spazierweg** führt einmal um das Biotop In den Rödern herum. Etwa eineinhalb Stunden läuft man, ausgehend vom Parkplatz an der Schaafheimer Straße. Wenn man Glück hat, sieht man die Wildpferde, die sich gerne im östlichen Teil des Geheges aufhalten.

Eine acht Kilometer lange Wanderung führt an der Gersprenz entlang zum **Schloss Harreshausen** und weiter zur »Mutter aller Pyramideneichen«. Vom Parkplatz an der Stadtmauer geht es nach Süden, links in die Martin-Luther-Straße und bis zur Gersprenz. Der Weg führt eine Weile am Fluss entlang, den man kurz vor der Bahn-

linie überquert und dann etwa 100 Meter südlich die Bahnlinie durch eine Unterführung passiert. Ein letztes Stück der früheren Ulmenallee (heute eher Linden und Kastanien), die die beiden Schlösser von Babenhausen und Harreshausen verband, führt zu dem barocken Jagdschlösschen, das heute in Privatbesitz ist Weiter geht es auf der Gersprenzstraße Richtung Norden bis zur **Schönen Eiche**. Die rund 550 Jahre alte Stieleiche hat durch eine Mutation eine pyramidenartige Krone entwickelt und begeisterte damit im Barock die Gärtner Europas, die solche Bäume in fast allen Schlossgärten kultivierten. Zurück geht es an der Lache entlang nach Babenhausen.

Babenhausen   21

Przewalskipferde

Reiten ist eine Lebenseinstellung. So lautet die Philosophie der Familie Weber. Sie züchtet selber. Auf dem Erlenwiesenhof gibt es Reitunterricht in Dressur und Springreiten. Außerhalb 10

Nicht weit davon hat der Reit- und Fahrverein Babenhausen sein Ge-

Schöne Eiche, Herreshausen

lände, der ebenfalls Reitunterricht und Voltigieren anbietet. Jedes Jahr im Sommer richtet der Verein ein Reit- und Springturnier aus. In der Gaststätte mit großem Biergarten lässt es sich gut sitzen und speisen. Außerhalb 19

Der Lilienhof ist mehr als ein Reiterhof. Dort kann man Ponys und Pferde reiten, sich ausbilden lassen, Ferienspiele erleben oder in der Pony-Akademie für ein eigenes Pflegetier Verantwortung übernehmen. Man kann aber auch mit Alpakas spazieren gehen. Zudem gibt es einen Hofladen und ein Hofcafé. Langenbrücker Weg 8

Ein Schwimmbad mit maritimem Flair findet man im Süden eher selten. In Babenhausen liegt neben dem Becken das Küstenmotorschiff »Jenny«, an dessen Deck man sich ein kühles Getränk schmecken lassen kann. Für Spaß im kühlen Nass sorgen eine Breitwasserrutsche und zwei Sprungtürme. Dazu locken eine große Liegewiese, ein Beachvolleyball-Feld, ein Bouleplatz, eine Tischtennisplatte und ein kleines Fußballfeld.

Am Schwimmbad 7

Für Jugendliche ist der Dirtpark südlich der Bahnlinie ein Anziehungspunkt. Auf verschiedenen hohen und breiten Erdhügeln kann man dort Sprünge mit BMX-Rädern oder Mountainbikes üben. Sie können von den Jugendlichen bei Aktionstagen neu gestaltet und den eigenen Fähigkeiten angepasst werden.

Ostheimer Allee 17

MIT KINDERN

Schwimmen am Schiff

Die Fastnacht wird in Babenhausen groß gefeiert. Das Gremium der dortigen Vereine organisiert den beliebten **Fastnachtszug**, der stets Tausende Zuschauer am Fastnachts-

Weihnachtsmarkt

dienstag in die Stadt zog und 2022 erstmals samstags mit anschließender Gasse-Fastnacht stattfand.

Ebenfalls Tradition hat der **Ostermarkt**, einer der ältesten Ostermärkte der Region. Der Höhepunkt ist am Samstagabend das Osterfeuer mit Feuerwerk hinter der Stadtmühle.

Beim **Altstadtfest** feiern sich seit mehr als 40 Jahren die Vereine der Stadt. Zum Ende des Sommers verwandeln sie Babenhausen in einen bunten Markt mit Ständen, Straßenkünstlern und Livemusik. Zum Festlauf rennen hunderte Teilnehmer durch die Stadt.

Das Open-Air-Music-Festival **Seebeben** bringt im August regionale Coverbands und DJs in die Stadt. Dank After-Work-Party und Familienprogramm kommen nicht nur junge Leute.

Seit 1973 gibt es den **Weihnachtsmarkt** mit lebender Krippe auf dem Schlossplatz und die Hobbykünstlerausstellung.

Alpakas auf dem Lilienhof

Für seinen Spargel ist der Bauernhof Funk in Langstadt bekannt. Der Familienbetrieb bietet aber ein breites Angebot an Fleisch und Gemüse im Hofladen an und hat einen Verkaufsautomaten. Außerhalb Langstadt 16

Auf dem Lilienhof ist der Hofladen ebenfalls prall gefüllt. Nach der Schur der Alpakas sind auch Bettwaren und andere Produkte zu haben. Langenbrücker Weg 8

Der RanisHof ist schon lange kein bewirtschafteter Bauernhof mehr. Dafür ist die Auswahl an regionalen Lebensmitteln und selbstgemachten Spezialitäten, oft nach alten Familienrezepten, im Laden bestechend. Sehr beliebt sind im Sommer die Erdbeer- und Waldmeisterbowlen. Platanenallee 25

RanisHof-Laden

Bären vom naschlabor

Echte Handarbeit, Unikate und Dekoartikel hat sich Anja Rock zu ihren Herzstücken erkoren. Bei **Annis Herzstücken** achtet sie darauf, dass alles handgemacht und aus Babenhausen ist. **Ludwigstraße 7**

Zwei Millionen Honigbienen arbeiten für Martin Hartmann. Fünf Standorte hat der **Imker** im Odenwald und dazu ein Lädchen in der Altstadt. **Amtsgasse 17**

Fünf Freunde gründen eine Süßigkeitenfirma. So fängt die Geschichte des **naschlabors** an. Als Online-Plattform gestartet, werden in der Naschfabrik Fruchtsaftbären in 12 Geschmacksrichtungen oder Marshmallows in Handarbeit gefertigt

und verkauft. **Industriestraße 6D**

Ein Mekka für Kuchenbäcker: Im Outlet der Firma **Milbrandt** gibt es Profi-Equipment zum Backen in allen Ausführungen. **Siemensstraße 16**

Imkerei Hartmann

Gemütliche Atmosphäre in einer alten Hofreite mit Biergarten bietet die **Langfeldsmühle** in Hergeshausen. **An der Langfeldsmühle**

Im **Eiscafé Galileo** sitzt man idyllisch direkt an der Gersprenz. Dazu gibt es seit 30 Jahren italienisches Eis aus eigener Herstellung. **Platanenallee 36**

GlEis20

Der Eisladen **GlEis20** ist eine Anlaufstelle mitten in der Altstadt. Hier ist das Eis so bunt wie die Deko vor der Tür des hübschen Fachwerkhauses. **Fahrstraße 20**

Frau Antje's Café und Pfannkuchenhaus lohnt ebenfalls den Besuch. Das hell und mit viel altem Holz eingerichtete Café serviert Frühstück, Mittags-Stullen und hausgemachten Kuchen auch zum Mitnehmen. **Fahrstraße 39**

Portugiesische Spezialitäten, wie Rissóis (Teigtaschen) und Bacalhau (Stockfisch), und dazu ab und zu Gitarrenmusik bietet das Bistro **Cantinho Português** in Harreshausen. **Babenhäuser Str. 10a**

ESSEN & TRINKEN

Langfeldsmühle

HISTORIE & NATURNÄHE
BICKENBACH

Auf den ersten Blick wirkt Bickenbach wie ein moderner Ort. Doch es gibt hier noch einige historische Kleinode, wie etwa den Judenbrunnen und das schöne Kolb'sche Haus. Das Rathaus ist in einem Teil des ehemaligen Jagdschlosses untergebracht. Und der Bickenbacher Bahnhof hat eine adelige Geschichte vorzuweisen. Dort gab es ein eigens eingerichtetes Fürstenzimmer für die großherzogliche Familie und ihre Verwandten wie etwa den russischen Zaren, die hier im 19. Jahrhundert umstiegen, um zum Schloss Heiligenberg nach Jugenheim weiterzureisen. Aber auch landschaftlich ist Bickenbach sehenswert, besonders der Erlensee. Mit der Musik-Akademie, dem Musikcorps, Chören und der Musik- und Suzuki-Schule für Instrumentalunterricht gibt Bickenbach musikalisch im Umkreis den Ton an. Und es wird gerne gefeiert – etwa die Kerb am ersten Oktoberwochenende und der Lichterglanz im Schloss im Advent im Hof des Jagdschlosses. Am ersten Donnerstag im November kann man zudem traditionell im Bürgerhaus zu Pellkartoffeln das berühmte Bickenbacher Dunksel essen, eine Tunke aus Zwiebeln, Dörrfleisch und Mehl.

Miniaturmühle

Historisches Vermessungsgerät

Im ältesten Haus der Gemeinde, dem Kolb'schen Haus, wird die Geschichte der 1720 errichteten Jagdschlossanlage erzählt. Die neue Dauerausstellung des Museums ist ebenso sehenswert wie die Holzstuckdecke des Gebäudes. Sonderschauen, etwa zur »Kindheit auf dem Lande« ergänzen die Arbeit des Geschichts- und Museumsvereins. Darmstädter Straße 35

Das Bickenbacher Jagdschloss ist allein wegen seiner Größe imposant. Neben dem Rathaus nutzt auch die Gemeindebibliothek den Großen Bau. Weitere Teile sind heute Wohn-

und Geschäftsräume. Im Bürgersaal werden regelmäßig Kammerkonzerte veranstaltet. Darmstädter Str. 1

Der barocke Judenbrunnen wurde 1769 auf einem kleinen Platz seitlich der Bachgasse errichtet, dort, wo damals die Judenschule stand – daher der Name. Der Brunnen ist heute eine Nachbildung, das Original steht im Bürgerhaus. Bachgasse 24

Judenbrunnen

Erlensee

Zum **Erlensee**

kommen im Sommer die Sonnenhungrigen sogar aus Frankfurt und Mannheim. Denn in der ehemaligen Kiesgrube, die beim Bau der A5 entstand, ist das Baden geduldet – auf eigene Gefahr. Der Angelsportverein, der den See gepachtet hat, sorgt dafür, dass das Natur- und Vogelschutzgebiet respektiert wird. Am Kiosk am See mit Terrasse sitzt man wunderbar und es gibt auch schon mal frisch geräucherte Forelle.

Bei einem Spaziergang durch die Tabaksackerschneise im Bickenbacher Wald trifft man auf den **Kaiserstein**, eine barocke Sandstein-Stele. Landgraf Ludwig III. ließ sie zur Erinnerung an den deutschen Kaiser Franz Stephan errichten, der mit ihm in seinem Krönungsjahr 1745 dort auf der Jagd war. In der Nähe steht auch die **Karl-Schemel-Eiche**, die zu Ehren eines früheren Bickenbacher Bürgermeisters gepflanzt wurde. **Ausgangspunkt Parkplatz an der L3103**

Dominik Matthes ist im **Break Point** am Tennisclub der Chef de Cuisine. Dort serviert er Pizza, Pasta und Regionales – im Sommer im Biergarten. Mit seinem Eventservice Cook4You bietet er aber auch einen Food Truck, Partyservice, Kochkurse und in der Weihnachtszeit ein Gänsetaxi an.

Auf der alten Bahn 4/ Bertha-Benz-Str. 103

Besonderer Tipp:

In ihrem kleinen Restaurant **Pie-rog** bereiten Dorota und Marek Kowalczyk typisch polnische Pierogi zu. Die mit Fleisch, Gemüse oder süß gefüllten Teigtaschen, den traditionellen Sauerkraut-Eintopf Bigos und weitere Spezialitäten kann man auch mitnehmen – gerne im eigenen Geschirr, um Müll zu vermeiden. Die Zutaten kaufen die beiden in der Region.

Darmstädter Str. 17

Restaurant Pie-rog

Bei der
**Imkerei
Schemel**
Honig aus der Imkerei
gibt es nicht nur al-
les Köstliche und Nütz-
liche rund um die Biene:
Honig, Met, Kerzen, Bonbons,
Propolis & Co. Je nach Jahreszeit
kann man auch die verschiedenen Schritte der Honigernte, das
Schleudern und Abfüllen erleben. Führungen und Besichtigun-
gen sind auch für große Gruppen
möglich.

Berta-Benz-Str 106

Der **Blumenhof Bitsch**
baut mittlerweile mehr als 40
verschiedene Blumensorten an.
Im Hofladen gibt es aber auch
Obst und Gemüse aus eigenem
Anbau, Eier und Honig. Und wer
möchte, kann die Blumen auf
dem Feld selbst pflücken. Beliebt ist zudem das Maislabyrinth
im Sommer. Derzeit baut die Familie auf der Weide in Bickenbach einen neuen Blumen-
hof mit modernem Hofladen.

Steingasse 7

In der alten
Schmiede von Bickenbach haben Kirsten und Alex Bode ihren kleinen und feinen Weinladen
eingerichtet. Sie bieten in der
Weinschmiede besonde-
re Tropfen an, kreieren passende
Rezepte dazu und richten Weinproben aus.

Darmstädter Str. 32

Schon von weitem leuchtet die
gelbe Schrift über dem Tor der
Hofreite Der **Sonnenhof-
laden** verkauft dort Obst, Gemüse, Blumen aus der Region.

Darmstädter Str. 23

Sonnenhofladen

HOCHBURG DER FASTNACHT
DIEBURG

Ein Bummel durch die engen Altstadtgassen zeigt schnell, dass Dieburg einst ein wohlhabendes mittelalterliches Zentrum war. Bis heute ist der Marktplatz, umsäumt von Fachwerkhäusern, erhalten, dazu gibt es zwei sehenswerte Schlösser und den Schlossgarten. In der Zuckerstraße sind viele kleine, meist inhabergeführte Läden und Cafés zu finden. Im ältesten noch bestehenden Fachwerkhaus von 1384 kann man heute Eis essen. Am Ende der Badgasse steht eines der wenigen erhaltenen Badhäuser Deutschlands. Es wurde um 1579 erbaut und war nicht nur zur Körperpflege, sondern auch als gesellschaftlicher Treffpunkt gedacht. An den Wänden des ausgebrannten Hauses in der Zuckerstaße 17 ist eine kleine Freiluft-Galerie entstanden, die der 2019 verstorbene Dieburger Schafs-Zeichner Hans-Peter Murmann, der Erfinder der Cartoon-Serie Die Hammlets, gestaltet hat. Und wer noch mehr Kunst möchte, dem sei der Kunstautomat vorm Rathaus empfohlen, aus dem man sich für vier Euro ein Miniatur-Werk ziehen kann. Apropos Tiere: Ein Blick zum 1828 entstandenen Rathaus mit der Gaasbecks-Uhr lohnt ebenfalls. Zur vollen Stunde stoßen dort zwei Geissböcke (daher der Name) mit ihren Hörnern aufeinander. Sie sollen stellvertretend für zwei streitende Brüder stehen. Und die Dieburger Fastnacht, an die der Fastnachtsbrunnen in der Fußgängerzone erinnert, ist weit über die Grenzen der Stadt hinaus bekannt. Im Norden der Stadt liegt der Dieburger Hausberg, der 227 Meter hohe Mainzer Berg mit dem Fernmeldeturm, bei den Einheimischen bekannt als Moret. Südlich davon steht das Naturfreundehaus. Beliebt war der Hügel vor allem wegen des Ski- und Rodelhanges, den es bis in die 1980er Jahre dort gab. Spazieren und ein paar Wasservögel beobachten kann man auch am Wolfgangsee im Westen Dieburgs.

Schloss Fechenbach

Das **Museum Schloss Fechenbach** versetzt die Besucher in die Welt des römischen Dieburg. Glanzstück der Ausstellung ist der Mithrasstein, ein Kultbild des gleichnamigen Gottes. Wegen seiner reichhaltigen Abbildungen gilt er als einer der wichtigsten Funde des Mithraskultes überhaupt. Beeindruckend ist zudem das prachtvoll ausgeschmückte Foyer der Fechenbachs, das Brautpaare nutzen dürfen, wenn sie sich im Schloss trauen lassen. Einen Namen gemacht haben sich auch die Dieburger **Schlosskonzerte**, die jedes Jahr von Klassik über Klezmer, Tango bis zum Jazz rund ein halbes Dutzend hochkarätige Auftritte bieten. **Eulengasse 8**

Sehenswert ist ebenso die aus dem 12. Jahrhundert stammende **Wallfahrtskirche**. Das Dieburger Gnadenbild im Hochaltar, um 1420 entstanden, ist bis heute Ziel der **Marienwallfahrt**. Die Figur besteht aus gegerbtem Leder und ist innen hohl. Es gibt in Deutschland nur drei Mariendarstellungen in dieser Art, die zweite, noch etwas ältere, steht in der Dieburger Pfarrkirche St. Peter und Paul. **Altstadt 18 – 20**

Wallfahrtskirche

Landratsamt

Zwei weitere Schlösser gab es in der Stadt, das **Albinischloss** auf dem Gelände der alten Wasserburg, auf dem heute das Landratsamt residiert. Im dortigen Keller sind die Grundmauern eines Turmes sowie archäologische Funde der Burg zu sehen.

Albinistraße 23

Vom um 1687 erbauten Schloss Stockau ist heute nur noch das historische Mühlengebäude zu sehen. Der **Schlossgarten** aber ist der Hausgarten der Dieburger. Die heute noch etwa 4,5 Hektar große Anlage mit der Gartenarchitektur ver-

schieder er Epochen ist historisch wertvoll.

Die Stadt war seit 1650 geprägt von den **Kapuziner**-Mönchen. Ihr Kloster gaben sie 2012 aus Mangel an Nachwuchs endgültig auf. Eine Gruppe der Pfarrgemeinde St. Peter und Paul kümmert sich um den **Franziskusgarten**, der einen Besuch wert ist. Es gibt regelmäßig Veranstaltungen, falls das Tor offensteht, lassen einen die Gartenfreunde aber auch so reinschauen. **Minnefeld 36**

Franziskusgarten

Eine beliebte, knapp zehn Kilometer lange Wanderung führt durch die **Fohlenweide**, ein Naturschutzgebiet nördlich von Dieburg, nach Münster. Wer sich von der Bushaltestelle an der Kirche St. Wolfgang nördlich hält, kommt an der Ruine des Geisterhauses vorbei, um das sich in der Stadt einige Spukgeschichten ranken. Das alte Bauernhaus stand seit den 1970er Jahren leer, brannte später ab und stürzte ein. Am Freizeitzentrum Münster geht es ein Stück den Stillgraben entlang. Vor der Bahn trifft man auf ein Wegekreuz mit Bank, bevor es nach Dieburg zurückgeht.

Der Naturpark-Parkplatz Am Spießfeld ist ein weiterer Ausgangspunkt, von dem aus gleich zwei Rundwanderungen abgehen, die Nr. 3, der 7,6 Kilometer lange **Moret-Weg**, und die Nr. 4, der 8,3 Kilometer lange **Mainzer-Weg.** Der erste führt zum Naturfreundehaus »Moret«, in das man auch einkehren kann. Wer von dort aus weiter möchte, kann den als Rundwanderung angelegten **Jakobsborn-Weg** anschließen. Er ist 5,2 Kilometer lang und als M2 markiert.

Naturfreundehaus

Auf der **Genießer-Radroute** kann man eine abwechslungsreiche Landschaft erkunden und zugleich die Vielfalt der Produkte der Region kennenlernen. Nehmen Sie lieber eine Satteltasche oder einen Rucksack mit, an den Leckereien der verschiedenen Hofläden kommen Sie garantiert nicht ohne Einkauf vorbei! Die Strecke ist als Rundkurs angelegt, beginnt in Dieburg auf dem Marktplatz und führt, den Schildern mit dem grünen Wimpel folgend, 43 Kilometer über Groß-Zimmern, Roßdorf, Reinheim, Lengfeld bis nach Groß-Umstadt und zurück. Auf **www.ladadi.de** gibt es eine Broschüre mit Karten und Streckenverlauf.

Beliebt ist der etwa zweieinhalb Stunden lange Themenradweg **Die Hohe Straße** auf den

Attraktive Radrouten

Spuren der Römer vom Dieburger Marktplatz nach Stockstadt. Folgen Sie gut 24 Kilometer lang dem römischen Reisewagen auf den Schildern des Geo-Pfades.

Leicht zu bewältigen ist die zweieinhalbstündige **Vier-Städte-Rundfahrt** (S6) zwischen Gersprenz und Bachgau. Zwischen Dieburg, Babenhausen, Schaafheim und Groß-Umstadt lässt es sich auf 38,2 Kilometern gemütlich durch Felder und Wald radeln.

RADFAHREN

Bitte diesen Schildern folgen!

Seit 2022 wird das **Ludwig-Steinmetz-Bad** umfassend saniert, soll aber 2024 mit neuen Attraktionen wieder öffnen. Erhalten bleibt zumindest der 10 Meter hohe Sprungturm. Das neue Becken wird mit Edelstahl ausgekleidet. **Schwimmbadweg 9**

Der Dieburger Reitclub bietet die Möglichkeit, den Umgang mit Pony und Pferd kennenzulernen, auch in Kursen in den Sommerferien. **Messelerweg 100**

Etwas versteckt liegt der Skatepark der Stadt. Er verfügt über unterschiedliche Rampen und ist glatt asphaltiert. **Klein-Zimmerner-Straße**

Etwas Grillkohle, Würstchen, einen Ball und eine Kuscheldecke: schon ist man gerüstet für einen Ausflug zum **Freizeitzentrum Spießfeld** mit Teich, Liegewiese und Kiosk. Einen der sechs Grillplätze kann man mieten, der Rest ist kostenlos. **Herrenweg 1**

Während der **Fastnacht** geht es besonders samstags in den Straßen hoch her. Neben den Vereinskneipen werden dann private Keller und Garagen geöffnet. Höhepunkt ist der Umzug am Fastnachtsdienstag, bei dem traditionell 111 Zugnummern für Stimmung sorgen. Er zieht Tausende Schaulustige an. Die hiesigen Narren rufen dabei übrigens nicht »Helau« oder gar »Alaaf«, sondern »Äla«, früher ein Lockruf für Gänse.

Beim traditionellen **Maimarkt** präsentieren sich seit mehr als 30 Jahren die Gewerbetreibenden der Stadt. Dazu gehört von Beginn an der Autosalon auf dem Marktplatz. Im Weindorf im Fechenbachpark beginnt das Fest freitagsabends mit dem »Tanz in den Mai«.

Alle zwei Jahre im Juni, jeweils in den ungeraden Jahren, wird die Stadt in blaues Licht getaucht. Dann gibt es Musik auf der Bühne am Marktplatz und pas-

Fastnachtsumzug

Traffic Jam Festival

send zum Thema **Dieburg in Blau** Spezialitäten der Gastronomen und Vereine. Im Fechenbachpark stellen Kunsthandwerker aus und um Mitternacht versetzt ein Barockfeuerwerk die Stadt in magische Stimmung.

Ende Juli wird es laut auf dem Verkehrsübungsplatz im Gewerbegebiet. Dann startet das **Traffic Jam Open Air**, ein Festival für Metal, Punk und alternative Rockmusik. Es ist eines der größten Festivals dieser Art in Südhessen, zu dem jedes Jahr im Juli mehrere Tausend Besucher strömen.

Die traditionellste Veranstaltung in Dieburg ist die **Marienwallfahrt**. Jedes Jahr zu Mariä Geburt am 8. September pilgern viele Gläubige zur Gnadenkapelle. Am Vorabend findet dort ein Festgottesdienst am Außenaltar statt. Dann geht es zur Lichterprozession durch die Stadt. In den Fenstern haben die Anwohner Kerzen aufgestellt oder laufen selbst mit.

Der **Martinsmarkt** Anfang November stimmt die Dieburger auf die Adventszeit ein und gilt als einer der beliebtesten Märkte der Region. Beim ersten Glühwein oder bei einer Fahrt im Riesenrad kommt man schnell in Weihnachtsstimmung. Herzstück ist der Mittelaltermarkt im Fechenbachpark. Traditionell endet das Fest mit dem Chorkonzert in der St.-Peter-und-Paul-Kirche.

An den Adventswochenenden präsentieren sich rund 20 Dieburger Vereine auf dem **Glückstalermarkt**. Besonders beliebt sind dabei die Nachtwächterrundgänge des Heimatvereins. Mit dessen Schauspielern wird dann freitags die Dieburger Geschichte lebendig.

FEIERN

Vinothek Petit Marché

Der **Wochenmarkt** immer samstags von 8 bis 13 Uhr auf dem Marktplatz bietet viele regionale Erzeugnisse.

Bei **Obstbau Baumer** gibt es auch Schnäpse, Spargel, Kartoffeln und mehr.
Max-Planck-Straße 1

Die **Bücherinsel** am Marktplatz mit ihrem großen Angebot an Büchern und Geschenken ist ein Familienbetrieb mit Atmosphäre: Hier liegt nicht nur Hauskater Lanni gerne im Schaufenster, hier führt auch die Tochter das Café Momo.
Markt 7

Wo gibt es das noch: ein privat geführtes Kaufhaus? Bei **Enders** finden Sie

Geschenk-artikel, Wohn-accessoires, Haushaltsutensilien, Bastel- und Spielwaren. Zur Fastnachtszeit wird das obere Stockwerk zum Kostümparadies.
Zuckerstraße 24-26

Zum beliebten Treffpunkt für Weinfreunde ist die **Vinothek Petit Marché** geworden. Mittlerweile gibt es auch einen Raum für Weinproben. **Spitalstraße 50**

Ihre »Kräppel« (so heißen sie dort wirklich!) kaufen die Dieburger zur Fastnacht am liebsten in der **Familienbäckerei Mai. Altstadt 14**

Kaufhaus Enders

Schlossgarten

Im erhaltenen Teil des Albinischlosses mit schöner Terrasse ist das italienische Restaurant **Il Castello** zu finden. **Schloßgasse 12**

Auf der Terrasse des **Cafés Schloss Fechenbach** sitzt es sich im Sommer hochherrschaftlich. Die Pächterin Serena Figuccio bietet selbstgemachten Kuchen und dazu einen besonderen Zoo: Sie hat Haie, Äffchen, Puppen und Fische gehäkelt, die man kaufen kann. **Eulengasse 8**

Das **Café Schmitt** versprüht den Charme Wiener Caféhäuser. Wer nicht reserviert hat, der kann sich Torten, Gebäck und Eis oder im Winter hausgemachte Pralinen auch mitnehmen. **Henri-Dunant-Str. 8**

Von April bis Oktober sitzt es sich idyllisch unter Bäumen im Schlossgarten Dieburgs. Tobias Niestatek vom »Kaffee-Äffchen« betreibt dort seinen **Biergarten »Garten-Äffchen«.**

Besonderer Tipp: Mitten in der Bücherinsel liegt das Café und Tagesrestaurant **Momo**. Innen ist Platz für 35 Gäste, dazu gibt es einen hübschen Innenhof, wo man frühstücken oder kleine hausgemachte Speisen serviert bekommen kann. Im Momo wird regional eingekauft und saisonal gekocht. Auch beim Bau wurde auf Nachhaltigkeit geachtet. **Markt 7**

Café Momo

MITTEN IN DER NATUR
EPPERTSHAUSEN

Der alte Ortskern von Eppertshausen ist überschaubar: zwei Kirchen und die Valentinuskapelle von 1440, eines der ältesten Gebäude der gesamten Region. Die Kapelle besuchen Verliebte gerne zum Valentinstag. Etwas weiter nördlich ergänzt der moderne Franz-Gruber-Platz mit dem Rathaus, Geschäften und Restaurants das Zentrum. Vor allem wegen ihrer guten Anbindung ist die Gemeinde als Wohnort beliebt. Rund um den Ort findet man aber auch viel Natur in der Untermainebene – zwei Drittel der Gemeinde bestehen aus Wald. Dazu gibt es Teiche, zwei Steinbrüche und die Gersprenz, die zum Teil die Grenze zu Münster bildet. Passend dazu steht der Storch im Wappen Eppertshausens, dessen Umriss am Kreisel vor der katholischen Kirche zu sehen ist und der im Original seit einigen Jahren wieder im Frühjahr und Sommer in den Feldern und auf dem zum Nistplatz umgebauten Strommast im Biotop »In den Stöcken« steht.

Storch am Kreisel

Settchesball

Maskenball

Am Fastnachtssonntag feiert Eppertshausen in der Bürgerhalle einen der traditionsreichsten Maskenbälle Südhessens. Den Settchesball gibt es seit 1971, immer unter einem anderen Motto. Dazu kommen viele auch junge Narren aus dem gesamten Kreis.

Mit Gästen aus der französischen Partnergemeinde Chaource begehen die Eppertshäuser im Spätsommer ihr Champagnerfest – natürlich auf dem Chaource-Platz. Bahnhofstr./Feldstr.

Anfang Oktober startet vor der Bürgerhalle die Kerb, bei der der Kerbvadder oder die Kerbmudder traditionell das Jahr Revue passieren lassen. Ein Umzug und der Kerbbaum dürfen nicht fehlen.

Beim Weihnachtsmarkt am 3. Adventswochenende füllt sich der Franz-Gruber-Platz mit Buden, Karussell und einer Bühne für die Vereine. Traditionell kommen auch Gäste aus den Partnergemeinden Codigoro in Italien und Chaource in Frankreich.

Besonderer Tipp: Alle drei Jahre an Karfreitag führt Eppertshausen mitten im Ort Passionsspiele auf. Straßen und Plätze werden zur Freilichtbühne, Laiendarsteller verkörpern den Leidensweg Jesu bis hin zur Kreuzigung. Mehrere Tausend Besucher sind in der Regel vor Ort, der Eintritt ist frei.

Passionsspiele

Wandern im Wald

Ebenfalls in westliche Richtung geht es in den Oberwald mit dem unter Naturschutz stehenden Rallenteich, wo die Alte Tongrube an die lange Tradition der Tonverarbeitung und Töpferei in Eppertshausen erinnert.

Der Forst Eichen ist ein schöner Anlaufpunkt für Wanderungen. Zwei Seen sind dort zu finden, der Alte und der Neue Steinbruch, den die Eppertshäuser Aje-See nennen. Schwimmen ist dort allerdings verboten.

Man kann aber auch im Süden Eppertshausens die Gersprenz entlanggehen Richtung Babenhausen-Hergershausen bis zum Erlensee.

Aje-See

Gutshof Thomashütte

Ob man nach der Wanderung einkehrt oder direkt hinfährt, der **Gutshof Thomashütte** ist ein Ausflugsziel mit 300-jähriger Geschichte. Biergarten und Restaurant bieten Zünftiges und Vegetarisches.
Außerhalb 3

Prominent an der Straße aus Münster liegt das **Hotel-Restaurant Krone**, das schon in fünfter Generation geführt wird. Im Restaurant mit großer Terrasse gibt es gutbürgerliche regionale Küche.
Dieburger Straße 1

Gleich zwei indische Restaurants sind in dem kleinen Ort zu finden. Gerichte aus dem Tandur-Ofen, dem traditionellen Lehm-Ofen, serviert das **Indian Tandoori Haus**. Dazu

fast ein Dutzend unterschiedliche Fladenbrote. Eine große Auswahl gibt es auch bei **Taste of India. Kurt-Schumacher-Straße 34/ Hauptstraße 55**

Nur wenige Straßen weiter heißt es **Ciao Italia**. Neben Pizza und Pasta gibt es dort auch Eis nach italienischem Rezept.
Franz-Gruber-Platz 17

Traditionelles Backhandwerk findet man in der **Bäckerei J. Kreher**, wo Eintracht-Fans beim Gebäck mit SGE-Logo gerne zubeißen.
Babenhäuser Straße 4

Altar des heiligen Valentin

STATION FÜR LESERATTEN
ERZHAUSEN

Auf den ersten Blick liegt der gesamte Ort Erzhausen an einer Haupt-
verkehrsader. Fast zwei Kilometer lang ist die Bahnstraße, die schnur-
gerade durch den Ort führt. Doch rundherum gibt es einiges zu sehen,
etwa den Bahnhof. Das um 1913 errichtete denkmalgeschützte Gebäude beherbergt seit 2003 die Gemeindebücherei. Am anderen Ende
der Straße, und ein paar Schritte ins »Unnerdorf« hinein, wie die Erzhäuser sagen, liegt die alte Schillerschule, das einzige in Erzhausen noch erhaltene Gebäude aus dem regionalen und früher ortsbild-
prägenden »rauen Stein«, dem rötlichen Langener Sandstein. Dort ist
das Museum angesiedelt, das der Ortskundliche Arbeitskreis betreut.
An der Hauptstraße steht die Evangelische Kirche, das älteste erhaltene Gebäude. Die jüngste Sehenswürdigkeit ist eine Frie-
densanlage mit Bäumen und einem »Friedens-denk-mal« in der
Annastraße. Vom Bahnhof aus ist man mit wenigen Schritten im Grünen. Denn Erzhausen liegt zwar ver-
kehrsgünstig, doch es hat
auch viel Wald und Feld
vorzuweisen. Öst-
lich der Bahnlinie liegt
das Naturschutzge-
biet Faulbruch.
Im Nordwesten
geht es Richtung
Heegberg, einer in
der Eiszeit entstande-
nen Binnendüne.

Schillerschule

Der Geschichte ein Gesicht geben

Die alte Schillerschule
Der Vorderflügel wurde 1863 und
der Hinterflügel 1904 erbaut.
Massivbau aus rötlichem Langener
Sandstein mit vier Klassenräumen,
von denen jeder für mehr als 50
Schüler ausgelegt war. Das teure
Material unterstreicht die
Bedeutung dieses Hauses der
Bildung für die Bürger.
Aufn. um 1950

Eine Initiative der Gemeinde und des Ortskundlichen Arbeitskreises

Evangelische Kirche

Die Jahreszahl 1565 steht über dem Westportal der Evangelischen Kirche. Aus dieser Zeit soll das hölzerne Taufbecken stammen. Die barocke Innenausstattung und der Turm sind von 1742 und ebenso sehenswert, besonders die 14 Kassettenmalereien an den Emporen.
Hauptstraße 8

Im Bücherbahnhof mit mehr als 20.000 Medien finden auch Lesungen, Konzerte, Kabarett und Ausstellungen statt. Der Verein Kunst und Kultur (KuK) nutzt ihn mehrmals im Jahr als Bühne. Und man kann sich dort trauen lassen.
Rodenseestraße 3

Im Obergeschoss der Schillerschule befindet sich das Dorfmuse-

um. Die »romantischste Rumpelkammer im Landkreis« zeigt Spielzeug, historische Kleidung oder alte Fotografien. Sie ist nach Vereinbarung sowie am letzten Sonntag vor den Osterferien und am 1. Advent geöffnet, verbunden mit einem Oster- und Adventsmarkt.
Hauptstraße 12

Besonderer Tipp:
Erzhausen hat seine eigenen Lokalkrimis. Dank dem Autor Andreas Breidert liegt schon mal eine fiktive Leiche am Hessenplatz oder im Sportheim.

Museumsstücke

KERB
in Erzhausen

Alle vier Jahre findet in Erzhausen einer der größten **Faschingsumzüge** in Südhessen statt. Mehr als 100 Gruppen und Wagen ziehen dann durch den Ort. Veranstalter ist die AEWG, ein Zusammenschluss der Karneval-Vereine der drei Nachbarorte Arheilgen, Wixhausen und Gräfenhausen mit denen von Erzhausen.

Am zweiten Septemberwochenende ziehen die **Kerbborsch** und zahlreiche Umzugsgruppen aus der Region vom »Unnerdorf« aus zum Kerbplatz am Sportgelände. Fünf Tage lang wird dort gefeiert.

Die Vereine nutzen im Sommer gerne wahlweise die Heegberghalle, eine Wetterschutzhalle, oder die etwas näher gelegene Grillhütte am Ortsausgang. Da feiert etwa der Obst- und Gartenbauverein Anfang Oktober sein **Kelterfest** und bietet frischen Apfelsaft an. Oder die Kerbborsch laden zum **Tanz in den Mai** ein. **Hauptstraße 101**

Sauna

Die **Sauna** in Erzhausen zählt zu den vier besten Saunas in Hessen. Der Familienbetrieb verfügt über 5 Saunen, 3 Schwimmbäder und ein Sole-Dampfbad sowie Gastronomie und Außenbereich im Grünen.

Am Ohlenberg 29

Der **Erzhäuser Rundweg** ist ein Projekt der örtlichen Vereine und Kirchengemeinden. Er führt einmal um den Ort herum. Los geht es am besten am Bahnhof, wo die erste In-fo-Tafel steht. Wer rasten will, für den stehen an der Strecke vier hohe »Bambelbänke«, auf denen man Beine und die Seele baumeln lassen kann.

Wer mehr über den Landschafts- und Kulturwandel Erzhausens erfahren möchte, kann vom Bahnhof aus östlich in den **Faulbruch** spazieren. Dort hat der Obst- und Gartenbauverein eine Streuobstwiese mit Schautafeln angelegt.

Erzhausen ist auch Ausgangspunkt der **Familienrad-Route** des Landkreises, die bis nach Seeheim-Jugenheim verläuft. Die Tour ist 44,1 Kilometer lang und dauert etwa drei Stunden.

Faulbruch

Matis Waldlust

Mit seinem Restaurant **Matis Waldlust** hat sich der Brandenburger Tibor Vietze einen Traum erfüllt. Er bringt Erfahrungen aus dem Seapoint im 5-Sterne-Hotel Schwielowsee an der Havel und aus Schuhbecks Check Inn in Egelsbach mit und serviert nordische und ostdeutsche Küche, auch im schönen Hof.
Bahnstraße 173

Einen gemütlichen Biergarten unter alten Bäumen bietet das **SEDAT** im Sportheim des SV Erzhausen. Sedat Sari und seine Frau Aysel servieren dort regionale und internationale Gerichte und Bier vom Fass.
Heinrichstraße 40

Das neue **Café Sammeltasse** mit Terrasse ist ein Gewinn für den Ort. Der Kuchen ist hausgemacht, das Ambiente modern. Es ist ein Inklusionsbetrieb des Sozialunternehmens Mission Leben aus Darmstadt. Der Kaffee wird mit einer Brühmarie am Tisch zubereitet.
Kiefernweg 30

Bäckerei Keller ist noch ein Bäcker, der handwerklich Brot backt, gerne mit Mehl aus der Region. Es gibt auch süße Silvesterbrezeln oder hausgemachte Weihnachtsplätzchen.
Bahnstr. 15 und 173

Café Sammeltasse

EIN SCHLOSS
UND VIEL DRUMHERUM
FISCHBACHTAL

Bewaldete Hänge, hübsche Täler und über allem thront das Schloss Lichtenberg. Die Gemeinde Fischbachtal mit ihren insgesamt sechs Ortsteilen liegt besonders schön im vorderen Odenwald. Wanderungen zum Kleinen Felsenmeer, wo Tausende Gesteinsbrocken am Hang liegen, oder in der abgeschiedenen Landschaft versprechen Erholung. Doch das Tal bietet auch besondere Handwerkskunst. Gefeiert und gut gegessen wird ebenfalls. Das Heimatmuseum im Ostflügel des Schlosses Lichtenberg mit seiner Zinnfigurensammlung ist leider bis auf Weiteres nur für Gruppen nach Anmeldung zugänglich. Ein Besuch des Renaissance-Kleinods lohnt sich trotzdem, allein wegen der beeindruckenden Aussicht. Von der Terrasse blickt man auch auf das Bollwerk, einen Geschützturm mit 6 Meter starken Mauern, herunter. Heiraten und standesgemäß feiern im Kaisersaal kann man ebenso. Die engagierten Fischbachtaler Geopark-vor-Ort-Begleiter bieten öffentliche Wanderungen, aber auch kurze Führungen durch das Schloss, das Museum, zum Bollwerk und mehr an. In Steinau, am Parkplatz Zindenauer Schlösschen (auch als Parkplatz Gagernstein bekannt), startet eine anspruchsvolle Mountainbike-Rundstrecke (Fi1) rund um das Tal mit herrlichen Ausblicken.

Wandern mit Ausblick

Der **Panoramaweg** (F1) rund um das Fischbachtal ist etwa 14 Kilometer lang. Er bietet viele schöne Ausblicke auf das Schloss. Man kann auf dem Riedbusch-Parkplatz in Lichtenberg starten.

Der rund sieben Kilometer lange geografisch-historische **Pfad der Geschichte(n)** (F2) führt zu 20 beschilderten Haltepunkten. Startpunkt ist der Parkplatz Heuneburg in Lichtenberg. **Prof.-Schmieden-Str. 1**

Der **Pfad der Vielfalt** (L) zeigt die verschiedenen Lebensräume im Tal. Auf vier Kilometern geht es zum Steinbruch mit idyllischem See, dem Rußberg und mehr. Start und Ziel ist der Parkplatz an der Kulturwie-

se in Nonrod. **Roden-steiner Str. 87**

Am Parkplatz Zindenauer Schlösschen liegt das auch für Kinder attraktive **Kleine Felsenmeer**. Von dort aus kann man den **Gagernsteinweg** (Nr. 2, 1,7 Kilometer) und den **Rimdidimweg** (Nr. 3, 4,5 Kilometer) laufen. Der Gagernstein, ein 7 Meter hoher Felsen, wird gerne zum Bouldern genutzt.

Der ökumenische **Pilgerweg St. Jost** rund um das Tal bietet innere Einkehr. Er führt von der Waldkapelle St. Jost bei Niedernhausen auf zwei Routen über Neunkirchen (J 1, rund 22 Kilometer) oder Billings (J V, rund 8 Kilometer).

Kleines Felsenmeer

In Niedernhausen beginnt der Wilde Westen. Zumindest auf der **Tannenhof-Ranch**, auf der es eine Westernstadt mit Saloon und Gefängnis gibt. Man kann dort Reitunterricht nehmen, ausreiten oder sogar Reiterferien erleben.

Wersauer Weg 33

Das **Naturschwimmbad Niedernhausen** wird von frischem Quellwasser gespeist, man schwimmt darin also wie in einem See. Auf dem Campingplatz Odenwaldidyll gelegen, ist es im Sommer ein beliebtes Ziel auch für Kurzurlaube mit Zelt oder Wohnwagen.

Campingplatz 1

Vom Parkplatz Zindenauer Schlösschen in Steinau aus geht es zum **Barfußpfad**. Mit verbundenen Augen kann man barfuß über eine Holzbrücke, über Tannenzapfen oder durch einen Bach gehen und die Sohlen so richtig fordern.

Naturschwimmbad

Nonstock-Festival

Seit 1971 finden im Kaisersaal des Schlosses Lichtenberg die weithin bekannten **Schloss-konzerte** statt. In dem für seine Akustik geschätzten Saal musizieren Solisten und Ensembles aus dem In- und Ausland. Auf der Schlossterrasse gibt es im Sommer auch Jazzfrühschoppen.

Jedes Jahr im Sommer verwandelt sich der Kulturhof Röder in Nonrod in ein Festivalgelände. Beim **Nonstock-Festival** treten auf mehreren Bühnen regionale und überregionale Bands auf. Es gibt auch ein Kinder- und Familienprogramm. **Rodensteiner Str. 87**

Der **Lichtenberger Adventsmarkt** zählt zu den schönsten in Südhessen. Vor der Kulisse des Schlosses im geschmückten Hof und im Ortskern stehen die Stände. Dazu gibt es am 1. Advent Spezialitäten aus dem Odenwald, Musik vom Posaunenchor, den Besuch der Odenwälder Lebkuchenfrauen sowie einen Pendelbus von Niedernhausen.

Besonderer Tipp: Fischbachtal aktiv

heißt im Herbst ein besonderes Erlebniswochenende rund ums Tal. Auf einem Rundwanderweg gibt es lokale Spezialitäten von den Gastwirten und Direktvermarktern, dazu Attraktionen für Kinder und Musik für Ältere. Wer nicht wandern möchte, den bringen Traktor- oder Pferdekutschen von Ort zu Ort.

Weihnachtsmarkt am Schloss

Seifenmanufaktur

Florian von Uffel bietet in seiner **Manufaktur** in Niedernhausen **Naturseifen** und die entsprechenden Kurse an. Er stellt seine Seifen im traditionellen Kaltsiedeverfahren ohne Zusatzstoffe her. **Philipp-Bert-Str. 3**

Ob Schaukelpferd oder Schrank, die **Holzschmiede** in Lichtenberg fertigt Holzspielzeug, aber vor allem Möbel, Treppen und mehr. Der Familienbetrieb von Maximilian Wiesner produziert Maßgeschneidertes hauptsächlich mit heimischen Hölzern. **Waldstraße 7**

Der Hofladen der Familie Simmermacher vom **Hottenbacher Hof** ist freitags und samstags geöffnet. Dort gibt es selbst gezüchtete Forellen, aber auch Wurst, Schinken und im Winter Weihnachtsbäume.
Zwischen Rodau und Klein-Bieberau

Der Ferienbauernhof **Horndreher Hof** bietet Äpfel, Kürbisse, Honig & Co. an. Dazu Edelbrände, Liköre, Marmelade und Maronen. Es gibt auch Kurse zum Korbflechten, Weben, Filzen. Im hübschen Gästehaus kann man übernachten.
Lindenstraße 19

Hausmacher Wurst und Schinken, Kartoffeln und sogar Apfelwein aus eigener Herstellung gibt es im Hofladen der **Lichtenberger Landwirtschaft. Waldstraße 15**

Die **Dorfschänke** ist eine kleine, aber feine Pizzeria mit einem gemütlichen Dachgeschoss und Biergarten. **Darmstädter Str. 73**

Der **Landgasthof Brunnenwirt** hat eine lange Tradition und viel Platz. Dazu gibt es gutbürgerliche Küche mit Fleisch, Forelle aus der Region und Wurstwaren aus der eigenen Wurstküche. Ein schattiges Plätzchen auf der großen Terrasse lockt im Sommer. **Darmstädter Straße 43-49**

Der **Hottenbacher Hof** hat eine Vesperstube, in der man die selbstgezüchteten Forellen und

mehr essen kann. **Hottenbacher Hof 1**

Gutbürgerliche Küche bietet der Gasthof **Zum Rodenstein**. Der Apfelwein ist selbst gekeltert, der Kuchen hausgemacht. Die Terrasse bietet eine schöne Aussicht ins Tal. **Rodensteiner Str. 18**

Im Restaurant **Zur Sonne** in Steinau kocht der Chef selbst. Das Essen ist gutbürgerlich, das Restaurant traditionell. **Hauptstraße 52**

Einkehren in Fischbachtal

DIE ZWIEBELSTADT
GRIESHEIM

Das Wahrzeichen der Stadt ist die Zwewwelfraa auf dem Marktplatz. Die gut zwei Meter hohe Bronzeplastik einer Frau, die auf dem
Kopf einen Korb Zwiebeln trägt, erinnert an alte Zeiten, in denen die
Zwiebel das Haupthandelsprodukt war. Bis heute gilt die nahezu flache
Gemarkung Griesheim als der Gemüsegarten des Landkreises, in dem Kohl, Kürbis, Kartoffeln und vor allem Spargel
prächtig gedeihen. Zugleich entwickelt sich der zentral am Schnitt-
punkt zweier Autobahnen liegende Ort zur Wohnstadt mit vielen
Einkaufsmöglichkeiten und Gastronomien. Zu den
wenigen erhaltenen historischen Gebäuden, wie der Lutherkir-
che und dem ältesten Fachwerkhaus von 1620 in der Groß Gerauer
Straße 22, führt ein historischer Rundgang, den man auf
der Seite des Heimatmuseums findet.
Doch bei aller Historie geht Griesheim
auch mit der Zeit, ist die erste
bespielbare Stadt
Deutschlands und wurde
dafür mehrfach ausge-
zeichnet. Zudem bietet
sie – ebenfalls preis-
würdig – an rund 160
Stellen Sitzgelegenhei-
ten für ältere Menschen,
die auch müde Ausflüg-
ler gerne zum Verschnaufen
nutzen dürfen. Darüber hinaus
feiert Griesheim gerne und viel.

Hier gibt es frisches Gemüse

Euler-Museum, erstes begehbares Exponat ist ein DC-8 Flugzeugrumpf. **Flughafenstr. 20**

Alte Telefonzellen als öffentliche **Bücherschränke** gibt es viele im Kreis. Aber wenige sind so schön mit Graffiti verziert wie der Griesheimer, der vom Kulturkreis Iwwerzwersch gepflegt wird. **Wilhelm-Leuschner-Straße**

Museumsstücke

Im ehemaligen Kaufhaus Loeb, der Neuwirt's Hofraite und der Storchennest-Scheune bewahrt das **Heimatmuseum** alte Traditionen und vergessene Handwerkskunst. Bäuerliches Wohnen gehört ebenso dazu wie die Technik, mit Holzwalzen Tapeten zu bedrucken oder der Tannensamen-Handel. In den nächsten Jahren will das Museum sich neu ausrichten und den Ort zu einer Begegnungs- und Kulturstätte ausbauen. **Groß-Gerauer-Straße 18-20**

1908 wurde in Griesheim der erste Flugplatz Deutschlands gegründet. August Euler führte dort Flugversuche durch. Das Gelände gehört heute der TU Darmstadt. Geplant ist ein **August-**

Bücherschrank

Besonderer Tipp: Griesheim ist die erste bespielbare Stadt Deutschlands. Es gibt neben den 25 Spielplätzen mehr als 100 Spielstationen im öffentlichen Raum, die zum Klettern, Hüpfen oder Sitzen einladen. Im Projekt »Spielstraße auf Zeit« können Anlieger die Sperrung ihrer Straße für einen Nachmittag beantragen.

Spielende Bewegung

Gleich zwei Schwimmbäder gibt es in der Stadt: Das **Hallenbad** mit 25-Meter-Becken und das **Freibad** mit einer 56 Meter langen Wasserrutsche, zwei Sprungtürmen, viel Platz zum Sonnenbaden und einem Beachvolleyballplatz. **Georg-Büchner-Str. 12/Am Schwimmbad 7 – 9**

ballanlage. Auch die **Skateranlage** soll saniert werden, ebenso wie die **Grafitiwände**, auf denen sich Sprayer nach Anmeldung austoben können.

Der **Generationen Aktiv Park** des SV St. Stephan bietet Geräte für alle Altersklassen. **Südring 3**

FÜR KINDER

Auf dem Freizeitgelände Süd ist ein **Dirtpark** für BMX-, Dirt- und Mountainbikefahrer eingerichtet worden. Geplant sind außerdem eine neue Soccer- und Basket-

Skateranlage

Kürbissonntag

Aus rund 500 Eiern, Girlanden und Schleifen entsteht der traditionelle **Osterbrunnen**. Die Landfrauen schmücken dafür jedes Jahr zum Fest den Marktplatzbrunnen.

Im April locken Vereins- und Essensstände, Möglichkeiten zum Ausprobieren und Spielen zum **Frühlingssonntag** auf die »Chaussee«, wie die Griesheimer ihre Hauptstraße nennen. Auch Traktoren und Oldtimer werden gezeigt.

Die traditionelle **Kerb** mit dem beliebten Kerbeumzug bringt Ende August Farbe in die Stadt. Sie wird auf dem Kerbplatz neben der Hegelsberghalle gefeiert.

Der **Zwiebelmarkt**, das größte

Volksfest der Stadt, lockt am Ende des Sommers viele Tausend Besucher an. Zwischen Wagenhalle und Hans-Karl-Platz sorgen die Vereine für eine Amüsiermeile mit lokalen Spezialitäten und internationalem Flair.

Am **Kürbissonntag** im Oktober wird die »Chaussee« in Orange getaucht. Stände laden zum Bummeln ein, die Geschäfte haben geöffnet, es gibt Spiele und Kinderprogramm.

Die Vereine und Kirchengemeinden der Stadt veranstalten gemeinsam einen kleinen **Weihnachtsmarkt**. Zwischen dem Jean-Bernard-Platz und dem Museum gibt es Glühwein, Plätzchen & Co.

Weihnachtsmarkt

Osterbrunnen

Im Westen der Stadt lädt das 35 Hektar große Naturschutzgebiet **Griesheimer Bruch** zu ausgiebigen Spaziergängen in Wald und Wiesen ein. Fischteiche und eine angelegte Amphibienmulde bieten Fröschen, Kröten und Molchen einen Lebensraum. Die Hohe Brücke über dem Landgraben stammt von 1749 und steht unter Denkmalschutz.

Die **Griesheimer Düne** südlich der Stadt liegt heute auf Darmstädter Gemarkung, ist aber attraktiv für Ausflüge, weil man in dem seit 1953 unter Schutz stehenden 45 Hektar großen Gebiet seltene Tiere und Pflanzen findet. Vom Skaterpark aus bietet sich eine Rundwanderung über 6 Kilometer an. Man kann besondere Vögel beobachten, etwa die Heidelerche, den Steinschmätzer, das Schwarzkehlchen oder den Wiedehopf.

Griesheimer Düne

Linie Neun

Im einstigen Straßenbahn-Wartesaal wird heute gegessen, getanzt und gefeiert. Die Linie Neun ist ein beliebter Treffpunkt mit Café, Bar und Biergarten. Dazu gibt es mal dort, mal in der angeschlossenen Wagenhalle den Tanzsalon, Konzerte, Partys oder Auftritte der Zwiebelbühne des TuS Griesheim.
Wilhelm-Leuschner-Straße 58

Besondere italienische Küche, echte neapolitanische Pizza, stylisch eingerichtetes Restaurant: das Bocca d'Oro ist über Griesheim hinaus bekannt, auch weil es mit seinem Foodtruck auf Events unterwegs ist.
Wilhelm-Leuschner-Straße 160a

Deutsche und Hessische Küche, mit Liebe zubereitet, serviert ausgerechnet der Grieche Stefanos Iliadis im Leib und Seele. Die beiden Ritterrüstungen am Eingang sollten also nicht abschrecken.
Wilhelm-Leuschner-Straße 99

Flammkuchen und der passende Wein: In Gerd's Weinstube an der Linde gibt es beides und eine schöne Sommerterrasse dazu.
Groß-Gerauer-Str. 41

Treffpunkt auf dem Marktplatz ist vor allem im Sommer das Eiscafé L'espresso mit selbstgemachtem Eis.
Hans-Karl-Platz 3

Lederle-Design

In Griesheim ist freitags Markt auf dem Hans-Karl-Platz. Von 9 bis 16.30 Uhr gibt es Köstliches aus der Region und einen Grund, sich zu treffen.

Edle Obstbrände bietet der Familienbetrieb **Boldizar** seit fast 40 Jahren. Wer nicht online shoppen will, kann direkt in der Brennerei vorbeischauen und dort auch probieren. **Bunsenstraße 4**

Feinkost Diehl – Utes kleiner Tante Emma Laden verkauft Regionales und Feines frisch vom Feld oder aus den Manufakturen. **Hintergasse 2**

Einzigartige Porzellanobjekte schafft Heidi

Lederle in ihrem Atelier **Lederle-Design**, das sie auf Anfrage öffnet. Sie fertigt Unikate, Schmuck und bietet auch Töpferkurse an. **Barbaraweg 1**

Die Socke verkauft seit 25 Jahren vor Ort und mittlerweile auch online ebensolche, speziell ohne Gummi, damit die Fußbekleidung nicht kneift. **Viktoriastraße 7**

In der Postfiliale gibt es einen **Made in Griesheim-Shop** mit Produkten aus der Stadt. Gerne kann vor Ort ein Präsentkorb zusammengestellt und direkt in alle Welt verschickt werden. **Wilhelm-Leuschner-Straße 54**

Obstbrände von Boldizar

Spargelhof Mönich

Der Hofladen des Spargel-
hofs Mönich bietet wäh-
rend der Saison eine große Auswahl an Gemüse, Käse und Wurst
aus dem Odenwald, Wild von eigener Jagd und hausgemachte
»Mömmelade« aus Erdbeeren.
Spargelhof 1

Saisona es Obst und Gemüse
vom Erzeuger gibt es im Hofladen Feldmann auf dem
Wiesenhof.
Pferchweg

Der Obst- und Gemü-
sehof Mesch verkauft
Frisches direkt vom Feld.
Draustraße 12

DIREKT VOM HOF

BESCHAULICH & LEBENDIG
GROẞ-BIEBERAU

Beschaulich und doch lebendig präsentiert sich die Kleinstadt, zu welcher der gerade mal 19 Haushalte zählende Weiler Hippelsbach und das von Wald umgebene Rodau gehören. Der Fischbach und die Gersprenz durchfließen sie und ihr Name sowie das Stadtwappen und der Brunnen Auf der Beune weisen darauf hin, dass der Biber hier einst verbreitet war. Auch heute zieht die reizvolle Natur am nördlichen Odenwald viele Wanderer an. Doch die Marktstraße mit ihren Fachwerkhäusern ist ebenso einladend. Etwa die schön sanierte Hofreite mit der Hausnummer 11, die Alte Schmiede (Nr. 36), die ab und zu zur »Kultur-Schmiede« wird oder das Ensemble in der Sudetenstraße 1 mit alter Wendeltreppe, in dem unter anderem die Evangelische Öffentliche Bücherei untergebracht ist. Wer mehr zur Stadtgeschichte erfahren möchte, kann sich auf den Hörweg begeben. An elf Stationen, beginnend in der Marktstraße 28, kann man anhand von Interviews, Text und Originalgeräuschen etwas über die Friedenslinde, das Odenwälder Lieschen und den Biber erfahren. Für Kinder, die gerne Tricks auf dem Rad, Inlinern oder anderen Gefährten mit Rädern machen, gibt es seit neustem einen Pumptrack der TSG 1892 auf dem Grundstück der Albert-Schweitzer-Schule.

Pumptrack-Anlage

Groß-Bieberau

Eine abwechslungsreiche **Rundwanderung** auf 13 Kilometern beginnt am Freizeitgelände **Im Briebel**. Von dort folgt man der Markierung GB1 hinab ins Fischbachtal und zum Schloss. Weiter geht es nach Rodau und dann dem Roten Quadrat folgend zurück zum Ausgangspunkt.

Auf dem **Geo-Naturpark-Rundwanderweg** GB1 geht es von Groß-Bieberau hinab ins Fischbachtal nach Lichtenberg und über Rodau wieder zurück. Die Strecke ist knapp 12 Kilometer lang und beginnt und endet am Naturparkplatz Haslochberg.

Vom Parkplatz am Heidkopf aus kann man eine knapp sechs Kilometer lange Runde am **Gesundheitsbrünnchen** vorbei unternehmen. Von dort aus geht es zunächst Richtung Groß-Bieberau, dann an einer Schutzhütte vorbei bis zu der Quelle, deren Wasser der Legende nach heilende Wirkung haben soll.

Ehrenmal am Haslochberg

Pellkartoffelessen

FEIERN

Am ersten Sonntag im Juli, wenn die Frühkartoffeln reif sind, treffen sich die Groß-Bieberauer traditionell bei den örtlichen Bauern zum **Pellkartoffelessen**. Das Fest, bei dem die LandFrauen, aber meist auch der Landrat selbst die Kartoffeln pellen, ist längst in der gesamten Region beliebt. Wenn man Glück hat, kann man dabei auch das Nationalgericht **Bieberauer Dunkes**, eine Tunke aus Zwiebeln, Dörrfleisch und Gewürzen, probieren, das immer wieder mal bei Vereinsessen serviert wird.

Auf dem **Kerbplatz** am Römerbad steigt am letzten Wochenende im Oktober die traditionelle Kirchweih. Der Kerbumzug am Sonntag zieht sich durch den Ort, Höhepunkt ist die Kerbrede am Ende.

Am ersten Adventswochenende stehen die Buden des **Weihnachtsmarktes** neuerdings auf dem Biberplatz. Bei Glühwein, Crêpe und Posaunenklängen wird die Adventszeit eingeläutet. Die LandFrauen schmücken traditionell den Weihnachtsbrunnen in der Marktstraße mit Tannengrün (zu Ostern mit Eiern).

Aufstellen des Kerbbaums

Wennel Eis

Der Name **Wennel** steht in Groß-Bieberau seit 50 Jahren für hausgemachtes Eis. An gleich zwei Standorten ist die **Eisdiele** zu finden, in der die Eishandwerker Klassiker anbieten, aber auch Eis mit Joghurt und Kreationen für Kinder.

Bahnhofstraße 10/ Jochartstraße 2

Im aktuellen Varta-Führer wird die **Blaue Hand** ausdrücklich empfohlen. In dem Gasthaus mit kleinem Hotel und Biergarten wird regionale und saisonale Küche ange-

boten. Der Name stammt übrigens von der Blautuchfärberei mit Schankraum, die es hier 1795 gab. Heute zählt der Familienbetrieb zu den nachhaltigsten Unternehmen Hessens.

Ober-Ramstädter-Str. 2

Das **Odenwälder Lieschen** im alten Bahnhofsgebäude erinnert an die Gersprenztalbahn, die dort einst fuhr. Heute gibt es dort nostalgisches Ambiente und einen Biergarten.

Bahnhofstraße 41

Im **Caffè Molentino** erwartet die Besucher zu Espresso, Eis, Pizza und Pasta eine Spur italienische Lebensart. Im Sommer bietet die große Terrasse viel Platz.

Marktstraße 39

Odenwälder Lieschen

Bauernhof Albrecht

weit über den Odenwald hinaus bekannt. Es gibt sie in rund 40 Geschmacksrichtungen – auch in seinem Online-Shop.
Marktstraße 20

Das **Bauernlädchen Volz** verkauft Fleisch und Wurstprodukte, aber auch Kartoffeln aus eigener Erzeugung. Ihren Hof mit Schweinen und Rindern bewirtschaftet die Familie in der fünften Generation und achtet dabei besonders auf Nachhaltigkeit.
Bahnhofstraße 31

Besonderer Tipp: Die **Porzellanmanufaktur Kahla/Thüringen GmbH** ist deutschlandweit bekannt. Weil ein Groß-Bieberauer sie übernommen hat, gibt es hier einen Werksverkauf mit großer Auswahl an Tellern, Tassen und mehr mit kleinen Schönheitsfehlern.
Bahnhofstraße 76

Im Hofladen des **Bauernhofs Albrecht** gibt es verschiedene Sorten selbst angebauter Kartoffeln. Eier und Brathähnchen gehören ebenso zum Sortiment wie regionales Obst, Gemüse, Blumen, Fleisch und Wurstwaren.
Marktstraße 48

Die edlen **Trüffel** von **Konditormeister Erich Schmunk** sind

Porzellan von Kahla

PERLE DES LANDKREISES
GROSS-UMSTADT

Groß-Umstadt ist die Perle des Landkreises. Die Innenstadt mit ihren vielen gut sanierten Fachwerkhäusern verströmt einen besonderen Charme. Außergewöhnlich sind die noch erhaltenen fünf Schlösser und zwei Adelshöfe, die die Bedeutung der Stadt als einstigen Verwaltungssitz hervorheben. Besonders schön ist der historische Marktplatz mit dem Renaissance-Rathaus, das um 1604 erbaut wurde, dem Vierröhrenbrunnen und den vielen Cafés und Restaurants, die im Sommer ihre Tische und Stühle daran platzieren. An die frühere Synagoge des Ortes erinnert heute nur noch ein Gedenkstein. Das Gebäude überstand die Reichspogromnacht, der spätere Besitzer verkaufte sie 1979. Sie steht heute im Freilichtmuseum Hessenpark. Sehenswert ist dagegen die evangelische Stadtkirche aus dem 15. Jahrhundert. Drinnen sind zwei Traubensteine aus der Römerzeit zu entdecken. Die Römer hatten an derselben Stelle eine villa rustica, ein landwirtschaftliches Gut errichtet, das vermutlich schon Wein anbaute. Diese Tradition führt Groß-Umstadt, die Odenwälder Weininsel, bis heute fort. Die Stadt gehört zum Anbaugebiet Hessische Bergstraße. Natürlich wird hier ein Winzerfest mit Auftritt der Weinhoheiten gefeiert, es gibt Weinproben, Weinbergsrundfahrten und eine Weinlagenwanderung. Auch Radtouren kann man einige unternehmen. Für alle, die dabei Durst bekommen, gibt es nahe der Haxenmühle an der Trinkwasseraufbereitungsanlage des Ortes sogar einen Trinkbrunnen. Und wer rasten möchte, kann das auf der vermutlich längsten Bank der Welt machen. Die 31,33 Meter lange Bank ist aus einem Stück Holz gefertigt und im Wiesengrund zwischen Semd und Altheim, nahe der B45 zu bestaunen.

Tante-Emma-Laden im Museum

Der **Gruberhof** beherbergt das **Museum** und ist zugleich Kulturzentrum. Neben der Hofreite mit Bauerngarten, Schmiede und Backhaus ist die überregional einmalige Sammlung aus Landwirtschaft, Handwerk und Industriegeschichte der Stadt und zum Weinbau sehenswert. Es gibt viele Vorträge, Feste und Gelegenheiten, das Backhaus oder die Schmiede in Aktion zu erleben, ein Reparaturcafé und meist einen Adventsmarkt. **Raibacher Tal 22**

Die Säulenhalle des Rathauses, einst Markthalle für Tuchhändler und Gerichtssaal, beherbergt das **Kunstforum**, das regelmäßig Ausstellungen regionaler Künstler zeigt. **Markt 1**

Jeden ersten Sonntag im Monat gibt es von der Stadt einen eineinhalbstündigen geführten **Rundgang** durch die historische Altstadt. Dank zahlreicher Infotafeln kann man aber auch auf eigene Faust viel erfahren. Etwa über das **Pfälzer Schloss**, einem der Adelssitze der Stadt, einst eine Wasserburg. Im Rittersaal tagen heute die Stadtverordneten und es finden Veranstaltungen statt. **Pfälzer Gasse**

Pfälzer Schloss

Das **Festa de São João** oder **Johannisfest** am Wochenende nach dem 24. Juni ist der großen portugiesischen Gemeinde der Stadt gewidmet. Bei gegrilltem Fisch, Wein und Livemusik wird gemeinsam gefeiert.

Winzerfest

Musikalisch wird es Anfang Juli zur **Summer Jazz Parade**. Nach dem Jazzfrühschoppen und einer Hutparade auf dem Marktplatz startet die Jazzparade vom Bahnhof aus durch die Stadt. In Parks, Cafés und Biergärten gibt es dazu auch Dixie, Rock-'n'-Roll und Samba bis zum Abend, alles bei freiem Eintritt. Opern- oder Musicalklänge gibt es im Sommer ebenfalls auf dem Marktplatz.

Höhepunkt des Festkalenders ist das **Winzerfest**, das am Wochenende nach dem 15. September vier Tage lang in der gesamten Innenstadt gefeiert wird. An vielen Stellen werden Weine ausgeschenkt und es gibt Livemusik und Tanz. In der Stadthalle werden die Weinhoheiten gekrönt. Am Sonntag folgt der große Winzerfestumzug.

Ein Wochenende zuvor findet traditionell der **Bauernmarkt** auf dem Marktplatz statt. Hier gibt es Schafe zum Anfassen, Köstlichkeiten von den Höfen, Livemusik, Kinderprogramm und in der Stadthalle dazu eine große öffentliche Weinprobe. Ein Flohmarkt startet schon vor Sonnenaufgang auf dem Altstadtparkplatz.

Eine romantische Kulisse bietet der Marktplatz für den **Adventsmarkt**, der am 3. Advent mit vielen Ständen und Musikprogramm seine Tore öffnet. Im Rathaus gibt es Kunsthandwerk, Kaffee und Kuchen.

In den Weinbergen

Auf dem etwa zwei Kilometer langen **Weinlehrpfad** kann man sich beim Laufen über den Weinanbau informieren. Infos zu den Lagen, Sorten, Geologie und Naturschutz gibt es auf den Rebtafeln am Wegesrand, dazu einen Ausblick bis zur Frankfurter Skyline. Starten kann man am Wanderparkplatz 2 oder zu Fuß aus der Stadt heraus auf dem Wanderweg S3 mit Start an der Sparkasse.

Die **Umstädter Panoramarunde** (U1) bietet auf insgesamt 11 Kilometern schöne Ausblicke auf die Weinberge, die Veste Otzberg und den Odenwald. Ausgangspunkt ist der Parkplatz an der Stadthalle. **Am Darmstädter Schloss 6**

Der **Weininsel-Wanderweg** (U2) führt vom Parkplatz an der Stadthalle aus auf 11 Kilometern durch Wald und Weinlagen, an der Wendelinuskapelle vorbei und über den Weinlehrpfad zurück nach Groß-Umstadt. **Am Darmstädter Schloss 6**

Die Winzergenossenschaft vinum autmundis bietet **Rucksackwanderungen** und **Bollerwagentouren** durch die Weinberge an. Man kann sie alleine oder geführt unternehmen. Im Winter gibt es **Fackelwanderungen** mit Glühwein.

Über Naturwaldwege und in die Klein-Umstädter Weinberge führt die Mountainbike-Rundstrecke Groß-Umstadt (GU1). Sie startet an der Heinrich-Klein-Halle nahe dem Marktplatz. Die Strecke verlangt ein hohes Maß an Kondition und Technik.

Ebenfalls anspruchsvoll ist die Burgen-Radtour (RMV-Radtour 7a), die auf knapp 39 Kilometern vom Bahnhof im Stadtteil Wiebelsbach zur Burg Breuberg bis nach Höchst im Odenwald führt. Zurück geht es an der Veste Otzberg vorbei.

Auf dem Reinheimer Bucht-Radweg (S5) startet man an der Sparkasse Dieburg und verlässt die Stadt über die Mühlstraße in südlicher Richtung. Über Lengfeld führt der knapp 34 Kilometer lange Weg nach Reinheim, Groß-Zimmern und zurück nach Groß-Umstadt. Es geht angenehm flach durch Wiesen und Felder.

Viel Auswahl für Radler

Cobigolf

Wer gerne Mini-
golf und Krocket spielt, für den
ist Cobigolf die perfekte
Kombination aus beidem. Die
Anlage in Groß-Umstadt bietet
18 Bahnen mit Toren und Hinder-
nissen und ist von März bis Oktober geöffnet.
Mühlstraße 90

Eine Pumptrackanlage
liegt seit 2017 gleich nebenan.
Dank der 500 Meter langen as-
phaltierten Bahn ist sie bei jedem Wetter und damit auch für
Skateboarder und Inline-Ska-
terinnen nutzbar. Sie ist frei zugänglich.
Mühlstraße 90

Ein 50-Meter-Schwimmbecken,
Sprungbretter und eine Rutsch-
bahn sollen ab 2024 wieder für
Badespaß im Freibad sor-
gen, das derzeit saniert wird.
Mühlstraße 40

Einen Pferdehof mit Reitmög-
lichkeiten gibt es mit dem
Amorbachhof ebenfalls.
Er ist zugleich Wanderreitsta-
tion mit Übernachtungsmög-
lichkeit im Heu oder Reiterstüb-
chen. Altheimer Straße
10 AG

Im Erlebnis-Atelier
frau scheiner können Kin-
der und Erwachsene kreativ sein,
malen und neue Dinge lernen. Es
gibt tolle Angebote für Kindergeburtstage. Heinrich-
Möser-Straße 13

Eselwanderungen, Geburtstage
oder Malkurse mit Eseln, aber
auch Coaching für Kinder mit
wenig Selbstbewusstsein bietet Heike van Geldere in ihrer
Beziehungsmacherei
& Eselzeit an. Georg-
August-Zinn-Str. 102

Der Umstädter Wochen-
markt öffnet mittwochs und
samstags vormittags auf dem
Marktplatz.

Airbag craftworks ist

international bekannt für seine coolen Taschen und Rucksäcke. Gegründet wurde die
Manufaktur in Kleestadt. Es
gibt dort – Achtung Geheim-
tipp! – einen Werksverkauf.
Schlierbacher Str. 14

Direkt am historischen Marktplatz verkauft Karin Fischer Reit-
stiefel. Ob fürs Training, den
kleineren Geldbeutel oder aus-
gefallen mit Lack und Glitzer-
steinen, Die Reitstiefel-
macher haben eine große
Auswahl und passen auch an.
Untere Marktstraße 7

Bei Fröhlich macht
glücklich gibt es Kleidung,
Schmuck, Dekoratives, Ge-
schirr und mehr – als Ge-
schenk, aber auch, um sich
selbst daran zu erfreuen.
Obere Marktstr. 18

Das Haus ist eine alte Kel-
terei, aber innen bietet
Karen Husemann einen
Jungbrunnen. Un-
ter diesem Namen verkauft sie
Wohnaccessoires, Glas, Leder,
Schmuck und Geschenke un-
terschiedlicher Künstlerinnen,
Kunsthandwerker und Marken.
Obere Markstraße 5

Besonders kreative Verpackun-
gen für Geldgeschenke zu Hochzeit oder Geburtstagen gibt es
bei Siris Creative. Klei-
ne Präsente kann man dort auch
kaufen. Hanauer Gasse 5

Im Odenwälder Käse-
keller bieten Adrienne und
Klaus Wolf die von ihnen mit Blü-
ten, Kräutern oder Früchten ver-
edelten Käsespezialitäten an.
Die Manufaktur befindet sich in
Otzberg Lengfeld, das Gewöl-
be, in dem der Käse reift, und der
Lagerverkauf sind aber in Groß-
Umstadt. Richerstraße 5

Geschenke & Co.

Schweine vom Auenhof

DIREKT VOM HOF

Auf dem **Auenhof** werden Angus Rinder, Duroc-Schweine, Hühner und sogar Wasserbüffel gehalten. Man kann das hochwertige Weidefleisch der Tiere und verschiedene Wurstsorten kaufen.
Beunestraße 14 AG

Kartoffeln aus eigenem Anbau sowie Gemüse, Obst und andere regionale Produkte gibt es im **Hofladen des Bauernhofs Selzer** in Kleestadt.
Langstädter Straße 15

Gemüse und Obst aus nachhaltigem Anbau verkauft der **Heichelberghof** – entweder in der Gemüsekiste im Abo oder im Hofladen. Der verfügt über ein großes Sortiment an Bio-Produkten, zum Großteil sogar unverpackt. Auf dem Hof kann man Parzellen mieten oder mithelfen und es gibt Hofführungen oder Sommerkino.
Bahnhofstraße 26

Kaufen oder selber ernten, auf dem **Erdbeerhof Münch** ist beides möglich. Neben Erdbeeren gibt es je nach Saison auch Himbeeren, Heidelbeeren, Spargel, Äpfel, Kürbisse, Blumen zum Selbstschneiden und ein Maislabyrinth.
Georg-August-Zinn-Straße 102

Der **Weberhof** ist spezialisiert auf braune Champignons. Im Hofladen gibt es die Pilze ebenso wie Kartoffeln, Äpfel, Gemüse, Kräuter und mehr.
Habitzheimer Str. 78 AG

Fleisch und Wurst von Schweinen und Lämmern aus eigener Haltung und Schlachtung bietet der **Hofladen der Lützelforstmühle** in Richen. Dort gibt es auch einen Partyservice.
Altheimer Str. 3 AG

Der **Landwehrhof** ist ein Familienbetrieb mit Ackerbau, Schweinehaltung und Weinbau. Im Hofladen gibt es daher Kartoffeln, Fleisch, Wurst, Wein, aber auch regionale Produkte.
Georg-August-Zinn-Straße 106

In der Vinothek **Vinum Autmundis** kann man den Wein, aber auch Liköre und andere Spezialitäten aus dem Odenwald direkt von der Winzergenossenschaft beziehen und natürlich Weinproben machen. Im Herbst öffnet die Straußwirtschaft mit Federweißem, Wein und regionalen Kleinigkeiten. **Riegelgartenweg 1**

»Anders genießen« heißt es bei **Weinbau Anders**. Der Betrieb setzt auf ökologischen Landbau, Rebsorten wie Weißen oder Roten Riesling und bietet Barrique-Weine an. Geöffnet auf Anfrage. **Prof.-Völzing-Ring 16**

Den Wein dort probieren, wo er angebaut wird, das ist auch beim **Weingut Brücke-Ohl**

möglich. Als eines der ältesten Weingüter der Stadt bietet es seine Produkte in der Vinothek an. Das angeschlossene Restaurant serviert hochwertige deutsche Küche. Planwagen-Touren zu den Rebstöcken mit Weinprobe und im Winter Glühweinfahrten gibt es ebenfalls. **Georg-August-Zinn-Str. 23**

Das **Weingut Lohmühle** wird in der 5. Generation geführt und bewirtschaftet Flächen an allen drei Weinlagen der Stadt. Hier kann man die Weine kaufen und in der beliebten Straußwirtschaft im Sommer und Herbst gemütlich probieren, ebenso natürlich den Federweißen. **Wächtersbacherstr. 36**

Zum Wohl!

Farmerhaus

Besonderer Tipp: Das **Farmerhaus** ist eine kulinarische Institution und war vor mehr als 50 Jahren das erste afrikanische Restaurant in Deutschland. Heute in dritter Generation geführt, serviert es südafrikanische Küche mit entsprechendem Flair und einer traumhaften Terrasse zwischen Weinreben und Obstbäumen. Das lobt sogar der Guide Michelin. Übernachten kann man in der »Farmerhaus Lodge« im Zentrum.

Am Farmerhaus 1

Das **Bistro du Château** ist ein liebevoll eingerichtetes Restaurant im Herzen der Stadt, in dem auch Veganer eine Aus-

Bistro am Schloss

wahl finden. Auf der Terrasse sitzt man mit Blick aufs Wambolt'sche Schloss.

Markt 4

Traditionelle portugiesische Küche mit authentischem Ambiente findet man im **Clube Operário Português**. In dem Club mit großer Sonnenterrasse treffen sich die mehreren Hundert Mitglieder der portugiesischen Gemeinde. Man fühlt sich sofort wie in Portugal. **Georg-August-Zinn-Str. 68**

Auch im **Kutscherhaus** wird portugiesi-

sche Gastlichkeit gelebt. Direkt an der Altstadtmauer sitzt man im Sommer unter Weinreben und kann Stockfisch und Paella genießen. **Am Darmstädter Schloss 1**

Groß-Umstadt kann nur Wein? Weit gefehlt. Das **Umstädter Brauhaus**-Bier ist handwerklich produziert und extrem frisch. In der urigen Gasthausbrauerei direkt am Sudhaus gibt es dazu Käse, Wurst, Salate und die vermutlich einzigartige Bierbrot-Pizza. **Zimmerstraße 28**

In der Altstadt und am historischen Marktplatz findet man eine große Auswahl an Cafés und Restaurants. **Das Alte Haus** bietet dazu noch viele Küchen in einem. Es werden griechische, spanische, italienische und türkische Speisen serviert. Im Marktkeller gibt es dazu immer wieder Partys. **Markt 5**

Einer der schönsten Biergärten öff-

net im Sommer direkt vorm Wambolt'schen Schloss. Unter alten Kastanien und Platanen sitzt man im **Wamboldts** idyllisch und doch mitten in der Stadt bei frisch gezapftem Bier, Brezeln & Co. Den Keller im Schloss kann man für private Feiern mieten. **Curtigasse 6**

Am Hang oberhalb der Stadt liegt das **Hotel Jakob**. Im dortigen **Restaurant Esprit** muss man reservieren, dafür gibt es köstliche, auf die Saison abgestimmte Menüs oder Frühstück auf der hübschen Terrasse. **Zimmerstraße 43**

Zwischen Richen und Altheim an der Äppelallee liegt der **Tannenhof**, ein beliebtes Ausflugslokal mit bürgerlicher Küche. **Altheimer Straße 12a**

Wambolds

SPORT UND KULTUR IM GRÜNEN
GROSS-ZIMMERN

Groß-Zimmern ist grün. Nicht nur außen herum im Gemeindewald und in der Umgebung, auch durch die Parkanlage »Grüne Mitte« und die Adolph-Kolping-Anlage mitten im Ort. Wer gerne in Bewegung ist, findet deshalb viele Möglichkeiten zum Spazieren und Wandern in verschiedenen Biotopen, zum Radfahren und zum Abschlagen auf einer 9-Loch-Anlage des Golf Sport Parks. Jugendliche lockt vor allem die Kartbahn. Doch auch der älteste Biohof des Kreises steht in Groß-Zimmern, und für einen Einkaufsbummel durch die kleinen Gassen lohnt sich ein Besuch ebenfalls. Die alte Apotheke in der Enggasse 1 ist sehenswert, die Evangelische Kirche mit ihrem gotischen Sakramenthaus von 1475 historisch wertvoll und der Ort hat sogar ein eigenes Kulturzentrum.

Am Eingang des Ortsteils Klein-Zimmern steht noch ein Teil einer mittelalterlichen Wasserburg, die später schlossähnlich ausgebaut wurde und heute das St. Josephshaus, eine Jugendhilfe-Einrichtung, beherbergt. Dass der Ort mal viele Ziegen besaß, ist noch heute an den stählernen Tieren auf dem Dalles (Gaaseplatz), an den Ortsteingängen und an einigen Straßennamen zu erkennen.

Alte Apotheke

Besonderer Tipp: Im Kulturzentrum **Glöckelchen** in der ehemaligen Schule finden sich die Gemeindebücherei, das Trauzimmer, Räume für den Kerbverein, aber auch viel Platz für Lesungen, Theater, Kleinkunst, Musik und Ausstellungen. Ab und zu gibt es Open-Air-Veranstaltungen vor dem Haus. Dort probt auch die im Ort beliebte **Amateur-Theatergruppe Lampenfieber**. Rathausplatz 1

Einige Kulturschaffende haben in Groß-Zimmern ihre Heimat gefunden, wie etwa Ursula Burgdorf mit ihrer **Kreativwerkstatt** (Am roten Morgen 63) oder Martina Emmerich mit ihrer **Schreibwerkstatt** (Goethestraße 28), in der sie unter dem Titel »Mordsmenü« kleine Dinnerkrimis inszeniert oder zum Krimilesezirkel einlädt, oder die bildenden Künstlerinnen **Ulrike Eckhardt** und **Ria Holzinger**.

Kulturzentrum Glöckelchen

Abschluss der Kerb

ein beliebter Treffpunkt ist. In der Mehrzweckhalle stellen Kunsthandwerker und Hobbykünstler aus.

Ein besonderer Ort für einen **Weihnachtsmarkt** dürfte die Golfakademie sein, die in ihrem mediterran gestalteten Innenhof zum Glühwein ein klassisches Adventskonzert veranstaltet. Auch im Sommer finden dort Lesungen und Theater statt, immer gegen Eintritt. **Darmstädter Str. 130**

Die **Kerb** im Ort ist legendär. Sie wird am Sonntag nach St. Bartholomäi, dem 24. August, gefeiert und ist bereits seit 1491 historisch belegt. Sie beginnt schon am Freitagabend, an dem der alte an den neuen Jahrgang der Kerbborschte übergibt, und endet Dienstag mit einem Feuerwerk. Der sonntägliche große Festzug zieht Tausende auch »Oigeblaggte und Zugeraaste« an.

Am zweiten Wochenende im Oktober feiert Groß-Zimmern seinen **Kürbismarkt**. Rund um das Rathaus gibt es Stände, dazu treten Straßenkünstler auf, die Partnerstädte aus Italien, Frankreich, Nordmazedonien und Rumänien präsentieren ein Europäisches Dorf, das

Kürbismarkt

Imkerei-Lehrpfad

WANDERN

Um alle Sehenswürdigkeiten von Groß- und Klein-Zimmern kennenzulernen, kann man eine rund 15 Kilometer lange **Rundwanderung** unternehmen, die am Rathausplatz beginnt. Sie führt unter anderem am Golfplatz, am St. Josephshaus und der Katholischen Kirche Klein-Zimmern entlang.

Eine kleine Wanderung von zwei Kilometern führt von der Alten Apotheke aus Richtung Süden, die Gersprenz entlang und durch das **Naturschutzgebiet Scheelhecke** mit seinem Auwald und den Feuchtwiesen. Hinter der Flussgabelung geht es über die Gersprenz zum Russischen Soldatenfriedhof, dann

Biberdamm im Landwehrgraben

weiter nach Klein-Zimmern, vorbei am St. Josephshaus, ein Stück am Katzengraben entlang und zurück.

Und natürlich kann man durch den **Zimmerner Wald** spazieren, der fast schachbrettartig von Wegen durchzogen ist. Dort ist nahe der Waldschule etwa der **Imkerei-Lehrpfad** der Roßdorfer Bienenzüchter zu finden. Dort liegt die 2015 vom Sturm gefällte **Bismarckeiche**, die vermutlich 240 Jahre alt wurde. Mehr Ideen zum »Wanderbaren Zimmern« hat der lokale Odenwaldklub zusammengestellt.

Seit 1996 können Hobby-Rennfahrer ab 14 Jahre auf der Kart-bahn Fahrwerk ihre Runden drehen. Die 500 Meter lange moderne Strecke führt über vier Ebenen. Auch für Junior-Racer ab 12 Jahre gibt es sonntags auf der Bahn Trainingsstunden. Waldstraße 79L

Eine Mischung aus Minigolf und dem großen Sport bietet der Adventure-Golfplatz gleich nebenan. Man spielt in ei-

rer 3.500 Quadratmeter großen Gartenlandschaft auf 18 Bahnen über Brücken, durch Höhlen und um einen Wasserfall herum.

Schwimmen oder Baden kann man das ganze Jahr über im Hallenbad. Während dort morgens vor allem Schulschwimmen stattfindet, ist nachmittags öffentlicher Badebetrieb, an einem Tag sogar bis 22 Uhr. Im Rauhen See 1

Kartbahn

HANGAR STRAIGHT

Zimmner Zeit

Für italienisches Ambiente auf dem Golfplatz sorgt **Luigi's Golf Restaurant**. Carpaccio, hausgemachte Pasta, argentinisches Rumpsteak und Amaretto Mascarpone Creme sind nur einige Köstlichkeiten von der Karte. Die große Terrasse bietet im Sommer einen Platz mitten im Grünen. **Darmstädter Str. 111**

Mitten im Ort sollte man sich im **Zimmner Zeit** wirklich Zeit nehmen. In dem neu gestalteten Restaurant kann man Gerichte wie bei Muttern zuhause genießen – von der Roulade bis zu Himmel und Erde, aber auch Schnitzel und Bowls. Im Sommer gibt es sie im großen Biergarten.In der Waldstraße betreibt Christian Kloft auch das **Auszeit-Restaurant** mit Sportsbar. **Rathausplatz 2**

Auch an der Kartbahn kann man nach dem Rundendrehen einkehren. Im **Burger-Werk** kann man ebenso sitzen wie auf der Rennterrasse direkt an der Bahn. Im Sommer lockt der Lounge-Biergarten am Adventure-Golfplatz. **Waldstraße 79L**

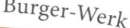

Burger-Werk

Thomas Schaffer, Birkenhof

Obst und Gemüse von **Obstbau Geibel** ist ebenfalls im eigenen Hofladen zu haben. Äpfel, Birnen, Pflaumen, alleine zehn verschiedene Kirschsorten, Beerenobst und mehr sind dort je nach Saison zu kaufen. Süßer, Säfte, Marmeladen, Sirup und Liköre oder Brände gehören ebenfalls zum eigenen Sortiment, dazu gibt es Erzeugnisse von Höfen aus der Region.

Brünnchenweg 21

Der **Birkenhof**, ältester Biohof des Kreises, produziert unter anderem Mais, Kürbisse, Erdbeeren und hält Hühner. Im **Hofladen** werden die eigenen Bio-Produkte, selbstgemachte Speisen und mehr verkauft. Ein Automat hat rund um die Uhr geöffnet. Man kann auf dem Hof auch Parzellen pachten und er dient gerne mal als Klassenzimmer.

Marktstraße 100

Auf dem **Dresselhof** werden vor allem Kartoffeln angebaut. Seit mehr als 40 Jahren werden sie im eigenen Hofladen verkauft, dazu Eier und Hausmacher-Wurst. Im **Dresselladen** gibt es dazu viele weitere regionale Produkte.

Kirchstraße 21

Dresselhof

FOSSILE BERÜHMTHEIT MESSEL

Die Gemeinde ist zwar klein, doch der Name Grube Messel steht international in einer Reihe mit dem Grand Canyon oder der Chinesischen Mauer. Die einmaligen Fossilien, die dort in einem stillgelegten Ölschiefer-Tagebau entdeckt wurden, sind rund 48 Millionen Jahre alt und zählen heute zum UNESCO-Welterbe. Zu verdanken sind die Funde auch dem Engagement einer Bürgerinitiative, die verhinderte, dass aus der Grube Ende der 1980er Jahre eine Mülldeponie wurde. Das Fossilien- und Heimatmuseum im Ort erzählt davon und ist ebenfalls einen Besuch wert, nicht nur, weil es im wunderschönen ehemaligen Schulhaus von 1785 untergebracht ist. Ansonsten liegt Messel idyllisch von Wald umgeben, so dass es viele Möglichkeiten für Wanderungen und Radtouren gibt. Neben den Urpferdchen stehen auch lebende Pferde auf den Messeler Weiden des Islandpferdehofs in der Langgasse 75. Er ist zugleich Reitschule für Kinder und Erwachsene.

Urpferd-Fossil

Fahrt zur Grube Messel

Die Welterbe-Stätte im Ortsteil **Grube Messel** bietet heute ein Fenster zur Urzeit. Fossilien wie die Skelette des nur 50 Zentimeter großen Urpferdes oder des Uräffchens »Ida« ermöglichen einen Blick auf die frühe Entwicklung der Säugetiere. Das **Besucherzentrum** vermittelt die Bedeutung der Funde und zeigt viele im Original, von der Aussichtsplattform hat man einen guten Überblick über die Grube, die man mit Führung oder per Elektro-Mobil besuchen kann. Für Kinder gibt es eine Geowerkstatt.

Roßdörfer Straße 108

Das **Fossilien- und Heimatmuseum Messel** präsentiert natürlich auch seine große Sammlung an Tier- und Pflanzenfossilien, aber zudem viele Ausstellungsstücke zur Orts- und Industriegeschichte und damit zur Vorgeschichte der heutigen Forschungsstätte.

Langgasse 2

Museum Messel

Vom Heimatmuseum aus kann man auf dem **Zeitstrahlweg** die 4,5 Milliarden Jahre unserer Erdgeschichte erwandern. Markiert ist die etwa 3,5 Kilometer lange Strecke durch aufgemalte Fußstapfen und Steinplatten mit dem Urpferdchen-Symbol. Auf Stelen werden bedeutende Punkte der Erdgeschichte erläutert. Der Weg endet am Abzweig zur Grube Messel.

Vom Bahnhof aus führt der **Urpferdchen-Weg** (M1) auf insgesamt 11 Kilometern in den Ort, am Museum vorbei, dann südlich um die Grube herum und zurück. Er eignet sich auch für Kinder.

Etwas länger, nämlich 15,4 Kilometer, ist

der **Ölschiefer-Weg** (M2), der an der Grube Messel startet. Von dort aus geht es über den Mainzer Berg durch die Moret-Schneise, dann in der Nähe des Waldsees »Grube Prinz von Hessen« vorbei, in dem man sich gut abkühlen kann, und zurück.

Den 15 Kilometer langen **Kranichsteiner Waldweg** (M3) kann man ebenfalls am Bahnhof Messel beginnen. Er führt zum Jagdschloss Kranichstein und dem dort gelegenen Museum bioversum.

Eine zweistündige Wanderung durch die Grube und an den Grabungsplätzen der Forscher vorbei bietet auch das **Besucherzentrum** an.

Urpferdchen-Symbol

Das **L'Olivo** ist Restaurant und Shop zugleich. Neben italienischer und internationaler Küche mit regionalen Produkten und legendären Paella-Abenden stehen in den Regalen auch italienische und sizilianische Spezialitäten, Olivenöl, Liköre und mehr. In der großen Eventhalle nebenan kann man dazu feiern.
Kohlweg 9

Das **Hotel und Restaurant Charlottenhof** bietet gutbürgerliche Küche mit einer kleinen, aber feinen Karte. Das Wagyu-Rindfleisch stammt aus eigener Zucht. Im Biergarten sitzt man im Sommer schön im Grünen.
Außerhalb 30

Charlottenhof

ELF DÖRFER MIT CHARAKTER
MODAUTAL

Elf Orte, eine Gemeinde. Die rund 5.000 Einwohner aus dem Modautal verteilen sich auf ein Areal von 31,8 Quadratkilometern. Jedes Dorf hat da seinen eigenen Charakter. Die einen sind landwirtschaftlicher geprägt wie etwa Johannisbachtal. Die anderen glänzen durch gut erhaltene Fachwerkhäuser wie Hoxhohl. Neunkirchen ist mit 519 Metern das höchstgelegene Dorf des Hessischen Odenwaldes mit einem besonders idyllischen Marktplatz. Herchenrode punktet als Treffpunkt für Pferdeliebhaber. In Klein-Bieberau wurde der Granit für den Berliner Reichstag abgebaut. Und so fort. Eines aber haben alle Dörfer gemeinsam, sie liegen in einer wunderschönen Landschaft, die zum Spazieren, Wandern oder Radfahren einlädt. Und dank vieler engagierter Vereine gibt es überall etwas zu entdecken und zu erleben.

Modautal

Altes Rathaus Brandau

Zwei **Heimatmuseen** gibt es, im Alten Rathaus in **Brandau** und in der ehemaligen Schule in **Asbach**. In Brandau sind drei restaurierte mechanische Turmuhren zu sehen. Eine stammt vom Alten Rathaus und ist eine Rarität, weil sie, wie damals üblich, nur einen Zeiger hat, der die Stunden anzeigt. An der Neumühle ist außerdem das mit 7,6 Metern Durchmesser größte Mühlrad des vorderen Odenwalds zu finden.

Im **Asbacher Museum** kann man nicht nur altes Handwerkszeug, eine Schusterwerkstatt und eine Backstube entdecken. Dank eines »Stammbaums«, der die einzelnen Straßen des Ortes nachzeichnet, lassen sich auch die Bewohner kennenlernen. **Schulstraße 6**

Die höchstgelegene Kirche des Odenwaldes ist **St. Cosmas und Damian** in Neunkirchen. Die frühere Wallfahrtskirche ist benannt nach syrischen Heiligen. Ein weiteres Wahrzeichen ist die rund 18 Meter hohe **Lutherlinde** neben der Kirche, die zum 400. Geburtstag des Reformators 1883 gepflanzt worden sein soll.

Harald Böhm malt, wie könnte es anders sein, vor allem Natur. Seine Waldbilder sind über die Region hinaus bekannt. Sein Atelier in Brandau öffnet der freischaffende Künstler jeden 1. Sonntag im Monat. **Odenwaldstraße 72**

St. Cosmas und Damian

Mundart-Wanderweg

Eine leichte, etwa 12 Kilometer weite Wanderung von der Quelle der Modau durch idyllische Bachauen hinab ins Tal von Ernsthofen bietet die **Modautaler Uferwanderung**. Los geht es am großen Parkplatz vorm Hotel »Höhenhaus« in Neunkirchen. **Ortsstr./Neunkirchen**

Der 5,6 Kilometer lange **Hirschpfad** lädt zum Meditieren und zur Beschäftigung mit den Themen Kommen und Gehen, Leben und Tod ein. Los geht es ebenfalls am Parkplatz vorm Hotel »Höhenhaus«.

Gleich gegenüber beginnt der **»Mundård-Wånnerwäg«**, der zur abwechslungsreichen Strecke mit drei Alternativen auch noch »Babbelboxen« mit Infos zu den Örtlichkeiten und »Ufftångge-Stationen« bietet.

Ebenfalls vom Parkplatz Neunkirchen aus lohnt sich eine Wanderung zur **Neunkircher Höhe**, der mit 605 Metern höchsten Erhebung des Hessischen Odenwaldes. Dort steht seit 1906 der steinerne Kaiserturm, von dem man einen einzigartigen Rundblick hat.

Der **Weitblickweg** ist anspruchsvoll, aber dafür umso reizvoller, weil er auf den 21 Kilometern Rundweg an Allertshofen vorbei, durch Herchenrode, Klein-Bieberau und Webern herrliche Ausblicke bietet. Los geht es am Parkplatz am Sportplatz in **Brandau**.

Panoramabank

Es gibt einen **Jugendwan- derweg** vom Odenwaldklub **Ernsthofen**, der zum Teil auf dem Waldthemenpfad durch das Modautal führt und tolle Ausblicke bietet. Startpunkt ist am Kreisjugendheim Ernsthofen. Von dort geht es 14,7 Kilometer über Neutsch und Frankenhausen wieder zurück.

Wenn Schnee liegt, sind der kleine **Rodelhang** auf der

Neunkircher Höhe

oberhalb des Dorfes und der große Hang etwas weiter östlich auf dem Gelände des ehemaligen Skilifts perfekte Anlaufpunkte für alle, die gerne rodeln. Sie bieten zudem einen wunderbaren Blick auf die Frankfurter Skyline und den Taunus, auch von der gemütlichen Panoramabank aus.

Rodelhang

Für Mountainbiker

In Neunkirchen beginnt die **Modau-Radroute**, die von der Quelle bis zur Mündung in den Altrhein bei Stockstadt am Flüsschen entlang führt. Ein Großteil der 53 Kilometer langen Strecke verläuft bergab oder eben und auf Wald- und Feldwegen. Von Modautal geht es nach Ober-Ramstadt, dann ins Ried nach Darmstadt-Eberstadt und Pfungstadt und außerhalb des Landkreises Richtung Rhein. Eine Karte dazu gibt es beim Landkreis.

Eine **Mountainbike-Rundstrecke** durch das Modautal (M01) hat der Geo-Naturpark Bergstraße Odenwald zusammengestellt. Sie ist 26,6 Kilometer lang, besteht aus zwei Abschnitten und verläuft meist über Forst- und Waldwege. Sie startet am **Naturpark-Parkplatz** am Ortseingang von Lützelbach (von Brandau kommend) und erfordert nur für die Höhenmeter etwas Kondition.

RADFAHREN

Im September wird **Ernsthofen** zum Flohmarkt. Unter dem Titel **Krusch&Krempel** verkaufen die Bewohner vor ihren Haustüren, in Höfen und Gärten, was sie nicht mehr brauchen. Mehr als 70 Stände waren es 2022.

Am ersten Sonntag im Oktober präsentieren sich die Landwirte, Handwerks- und Gewerbebetriebe traditionell auf dem ältesten **Bauernmarkt** der Region. Auf dem Bolzplatz zwischen **Allertshofen** und **Hoxhohl** werden Spezialitäten, Haushaltswaren, Töpferartikel und anderes Selbstgemachtes angeboten.

Kirchweih gefeiert wird in allen Orten, in den meisten, etwa in **Brandau,**

Besonderer Tipp: In **Neunkirchen** wird am zweiten Adventswochenende **Odenwälder Bergweihnacht** gefeiert. Als einer der höchstgelegenen Weihnachtsmärkte Hessens bietet er mit Lichterglanz, Posaunenklängen, Adventskonzert und liebevoll dekoriertem künstlerischem Angebot eine besondere Atmosphäre. Es gibt sogar Shuttle-Busse.

Allertshofen und Hoxhohl, Neutsch oder **Ernsthofen**, steht ab Ende August die traditionelle **Kerb** mit Fassanstich, Frühschoppen, Kerbzug und Musikprogramm an.

Bergweihnacht

Hochgenuss im Odenwald

Hofladen Hartmann

Direkt vom Hof stammen die Wurst- und Fleischwaren in **Dieter's Wurstladen** in Lützelbach. Seit 35 Jahren kommen die Rinder und Schweine für Fleisch- oder Tomate-Feta-Bratwurst vom eigenen Hof und Partnern aus der Region.
Brunnengasse 4

Für ökologische Landwirtschaft steht der **Hof Modautal** in Hoxhohl, seit den 1980er Jahren auch nach Demeter-Richtlinien. Nach Vorbestellung ist dort Rindfleisch zu kaufen, die Kartoffeln und Kürbis gibt es auch an der Kartoffelstation am Mundart-Wanderweg.
Alt Hoxhohl 35

Der **Hofladen Hartmann** liegt auf dem Gelände des Geflügelhofs in Brandau und ist bis abends immer gut besucht. Dort gibt es neben Eiern und Huhn auch Odenwälder Molkereiprodukte, Obst und Gemüse.
Odenwaldstraße 80

Brigittes Hofladen in Allertshofen, dank der großen Aufschrift am Haus nicht zu übersehen, bietet Obst und Gemüse überwiegend aus Eigenanbau und eine große Auswahl an Blumen.
Alt Allertshofen 36

Weine, Espresso, Olivenöl, Pasta und mehr gibt es im Odenwald ebenso. Dafür sorgt seit fast 20 Jahren **pane & vino** in Ernsthofen, inklusive Verkostungen.
Herrngartenstraße 8

In seiner kleinen Töpferei in Neunkirchen stellt der Kunsthandwerker Peter Schrader Keramik her und ist damit auf Märkten unterwegs.
Neunkirchen 1

Der **Hottenbacher Hof** ist unter Fischbachtal zu finden.

Am höchsten Punkt des Landkreises kann man regional speisen und im Sommer im Berggarten nicht nur den Blick genießen. Das Restaurant zum Grünen Baum trägt den Beinamen **Hochgenuss im Odenwald. Neunkirchen 11**

Die rustikale Bauernstubb **Zur Linde** bietet im Winter Gerichte aus Omas Küche. Im Sommer betreibt die Familie Schmidt das Höhenhaus Odenwald. **Dorfplatz Neunkirchen**

In dritter Generation führt die Familie Hofmann neben der Bäckerei das **Odenwald-**

café in Lützelbach. Die Kuchen sind aus e gener Herstellung und d e Hochzeitstorten ein Hingucker. **Obergasse 1 – 3**

Ir Reimur d's Konditorei in Brandau werden ebenfalls spektakuläre Hochzeitstorten, dazu Trüffel und Pralinen hergestel t. Im dazugehörigen **Café Römerstube** kann alles probiert werden. **Gadernheimer Str. 8**

Regionale Wildspezialitäten, Forelle und hausgemachte Pizza stehen au f der Karte im **Haus am Mühlberg** in Brandau. Im Haus gibt es auch Ferienwohnrungen. **Am Mühlberg 4**

Bauernstubb Zur Linde

Neunkircher Krüstchen mit Schnitzel, Zwiebel, Speck 11.50 Spiegelei auf Graubrot

Heute Bauerncafe Vesperhof geöffnet

TAL DER MÜHLEN & GRUSELHOCHBURG
MÜHLTAL

Die Gemeinde Mühltal ist vor allem bekannt für die **Burg Frankenstein**, zu der alljährlich an mehrerer Wochenenden im Oktober und November Tausende Horrorfans in gruseligen Kostümen pilgern und Deutschlands größtes Halloween-Festival feiern. Die Burg und der Ausblick von dort bis in die Rheinebene sind auch an anderen Tagen sehenswert, ebenso wie der Rest des Mühltals mit seinen sieben Ortsteilen und der hügeligen Landschaft, die zum **Wandern** und **Radfahren** einlädt. Von den zahlreichen Mühlen, denen die Gemeinde ihren Namen verdankt, gibt es noch einige, etwa die **Waldmühle** oder die **Frankenberger Mühle**, die heute als Wohngebäude dienen. In Nieder-Beerbach erinnert ein **Mühlrad** als Denkmal an die Geschichte. Ebenfalls sehenswert ist das Hofgut **Dippelshof** in Traisa mit seinem Blauen Saal, Kleinod des späten Darmstädter Jugendstils und heute Hotel, Restaurant und beliebte Hochzeitslocation. Gleich nebenan beginnt der Golfplatz.

Hier wird es gruselig

Auf der Burg Frankenstein kann man sich nicht nur gruseln. Ein Spaziergang entlang der Burgmauer, der Aufstieg zum Burgturm und ein Blick in die hübsche kleine Kapelle lohnen sich ebenfalls. Es gibt auch Burgführungen, einen Walderlebnispfad und man kann auf der Burg gut essen und heiraten. Demnächst soll die gesamte Anlage allerdings umfassend saniert und daher langfristig geschlossen werden.

Blick von der Burg

Herrnweg

Aus den Jahren 1902 bis 1930 stammen die Backsteingebäude der Wacker-Fabrik, in der bis 1994 Zubehör für Autoelektronik gefertigt wurde. Heute ist sie ein Kultur-, Wohn- und Gewerbezentrum mit besonderem Charme. In Wackers Wohnzimmer des Kulturvereins ist viel los, mal Ausstellungen, mal ein Konzert, mal eine Lesung oder Seminare. Es gibt kleine Künstlerateliers auf dem Gelände und das Theater Transit hat seine Produktionsstätte dort.

Von den Backstreet Boys bis Death Metal: Die Bandbreite des Musikprogramms im Steinbruch-Theater ist groß. Der Kultclub mit alten Kirchenbänken und Industrieflair bietet eine lockere Atmosphäre und im Sommer einen großen Biergarten.

Odenwaldstraße 26

Wacker-Fabrik

Besonderer Tipp: Wer mehr über die Mühlen in der Region erfahren will, dem sei das schöne Buch von Karl-Günter Heppenheimer »Das Tal der Mühlen« vom Arbeitskreis Heimatgeschichte empfohlen.

Auf der Burg startet jeden Sommer das **Frankenstein Kulturfestival** mit Livebands, Poetry-Slam, Comedy & Co. Besonders beliebt sind das Rudelsingen vor der Burgkulisse und der Winterzauber im Advent. Ob es wegen der Sanierung weiter Veranstaltungen geben wird, ist allerdings offen.

Kräftig gefeiert wird bei der **Rämschter Kerb** Anfang August, wenn der Kerweumzug durch die Straßen Nieder-Ramstadts zieht und auf der Bühne die Bands aufspielen. Auch in den kleineren Dörfern des Tals geht's bei der Kerb hoch her. **Dornwegshöhstraße**

Im August oder September wird seit 1902 jedes Jahr südwestlich der Burg Frankenstein das **Bergturnfest** mit mehreren Hundert Teilnehmern begangen. Es gibt Wettkämpfe in der Leichtathletik, im Turnen und Nordic Walking, aber auch in alten Disziplinen wie Keulen-Zielwurf, Stammweitwurf und Steinstoßen.

Am ersten Adventswochenende wird seit 1985 **Weihnachtsmarkt** rund um das Bürgerzentrum von Nieder-Ramstadt gefeiert. Im Bürgerzentrum bietet der Kreativmarkt handgefertigte Geschenke. **Ober-Ramstädter-Str. 2 – 4**

Ebenfalls eine fast 40-jährige Tradition hat der **Nikolausmarkt** des SV 1911 in Traisa, der auf dem Schulhof der Grundschule stattfindet. Dort stehen die Kinder im Mittelpunkt, die nicht nur feiern, sondern auch selbst basteln und ihre Sachen gegen Spenden verkaufen. Der Erlös geht an soziale Zwecke. **Darmstädter Str. 38**

Rudelsingen auf der Burg

Waschenbach

Vom Parkplatz unterhalb der Burg Frankenstein geht es rund einen Kilometer den **Magnetberg-Weg** entlang zu einem besonderen Naturdenkmal. Die Magnetsteine können Kompassnadeln ablenken. Kinder testen das gerne mit mitgebrachten Magneten. Man geht davon aus, dass starke Blitzschläge dieses Phänomen verursacht haben.

Der Wanderweg **Perlenkette** beginnt in Waschenbach (W1), führt zu den Dörfern Frankenhausen und Neutsch. Die abwechslungsreiche Rundtour bietet schöne Aussichtspunkte. Los geht es am Sportplatz. **Mühlbergstraße**

Die **Himmelsleiter** ist ein historischer Wanderweg, der das Mordachtal mit der Burg Frankenstein verbindet und auf 1.700 Metern meist auf Treppen rund 250 Höhenmeter hinaufgeht.

Auf den Spuren der Mühlengeschichte des Tals kann man den **Mühlenpfad** (gelbes L) entlangwandern, der auf 14 Kilometern Länge von Nieder-Ramstadt nach Waschenbach und zurück führt. Los geht es am Modauufer in der Nähe des Sportplatzes.

Der Weg **Barrierefreies Naturerleben Mühltal** (mt und grüner Pfeil) bietet auch Rollstuhlfahrern oder Familien mit kleinen Kindern einen Zugang zur idyllischen Natur des Odenwaldes. Vom Parkplatz am Freibad in Traisa geht es zum Vogelteich. **Fürthweg 16**

Das **Freibad** mit seinem
50-Meter-Becken und den
gut 4.000 Quadratmetern
Wiese bietet im Sommer
viel Platz fürs Schwim-
men und Sonnenbaden.
Fürthweg 10

Der **Walderlebnis-
pfad** beginnt ebenfalls am
Parkplatz unterhalb der Burg
Frankenstein (türkisfarbenes
Ahornblatt) und führt drei Kilo-
meter rund um die Burgruine.
An den Stationen, etwa einem
Summstein, einer Baumuhr oder
einer Windharfe, sind Hinweista-
feln angebracht.

Wildgehege

Oberhalb von Frankenhausen
liegt ein großes **Wildgehege**,
in dem man Damwild beobachten kann. Die Wanderung Perlenkette führt daran vorbei.
Zeilstraße

MIT KINDERN

Freibad

Erste Adresse im Tal ist sicherlich der **Dippelshof** mit gehobener Küche und besonderem Jugendstil-Ambiente, wenn auch die Anfahrt mit Navi etwas schwierig ist. Wer nach dem Essen nicht mehr fahren möchte, gönnt sich eine Übernachtung. **Am Dippelshof 1**

Ebenso hochherrschaftlich wirkt die **Villa Trautheim** mit internationaler Küche und »Achims Schnitzel«. Hausgemachte Torten und Kuchen gibt es auch, im Sommer auf einer schönen Terrasse. **Am Trautheim 1**

Mit seiner **Wohlfühlerei** in einem alten Fachwerkhaus in Nieder-Ramstadt bietet Frank Köth zur rustikalen Atmosphäre sogar eigenen Wein und hessische oder mediterrane Gerichte. Den Wein kann man auch kaufen, ebenso wie Pralinen und Feinkost. Ihn schenkt Köth sonntags im Weingarten an der Modau aus, im Winter den Glühwein. **Dornwegshöhstraße 2**

Mit Industriecharme, typisch karierten Tischdecken und original italienischem Essen punktet das **Wacker Ristorante**

in der gleichnamigen Fabrik. **Ober-Ramstädter-Straße 96**

Original italienische Küche mit Blick aufs Green gibt es im **Salvo Restaurant** von Güner und Placido Salvo am Golfplatz. **Am Dippelshof 19**

Savoir vivre in der alten Güterbahnhofshalle von Traisa bietet das **Vanille Stadtkoch**. Anette und Johan Jorry servieren dort französische Menüs, für die die Gäste auch von weiter her kommen. **Am Bahnhof 4**

Ein Stück Italien in Nieder-Ramstadt findet man im Café **La Sfogliatella** oder auf der Terrasse davor, mit hausgemachten Pasticcini, Ciabatta und der neuerdings so beliebten Pinsa. **Fliednerweg 8**

In fünfter Generation führen Birgit und Bernd Simmermacher den **Darmstädter Hof**. Dort ist die Wurst noch immer hausgemacht, der Lachs hausgeräuchert, das Gemüse stammt aus dem eigenen Garten und das Wild aus umliegenden Wäldern. **Kreuzgasse 3**

Der Wochenmarkt in Nieder-Ramstadt ist immer donnerstags im Schlossgarten.

Weine und Champagner vor allem aus Frankreich und Italien, die man sonst nicht in Deutschland kaufen kann, gibt es im Weinhöfchen, einem ehemaligen Kuhstall mit idyllischem Hof.
Bahnhofstraße 3

Die Metzgerei Göbel in Nieder-Ramstadt verkauft in vierter Generation Fleisch aus dem Odenwald. Wer auch nach den regulären Öffnungszeiten einkaufen möchte, kann auf eine der FrischeBoxen zurückgreifen, die in Nieder-Ramstadt am Getränkemarkt und in Traisa stehen. Weitere gibt es in Modatal und Ober-Ramstadt.
Rheinstraße 43/
Röderstraße 21

Der Sonnenhof ist ein Bio-Betrieb mit Naturland-Siegel und zugleich Diakonie-Werkstatt für Menschen mit Behinderung. Im Hofladen werden Milch, Getreide, Mehl und Kartoffeln angeboten.
Nieder-Beerbacher-
Straße 37

Appel und Ei heißt das Hoflädchen, das Bärbel Neumeister in Nieder-Ramstadt und Traisa mit eigenen Produkten vom Hof und weiteren Bio-Produkten betreibt.
Bahnhofstraße 10/
Ludwigstr. 79

Weinhöfchen

RATHAUS DER KUNST
MÜNSTER

Minsder, wie die Einheimischen sagen, besteht aus den drei Ortsteilen Münster, Altheim und im Nordwesten das 1997 gegründete Breitefeld. Auf beiden Seiten der Bundesstraße 26, die Münster und Altheim trennt, gibt es Einiges zu entdecken. Historisches wie die Langsmühle, das älteste Gebäude hier, oder die spätbarocke Katholische Pfarrkirche St. Michael mit ihrer Innenausstattung im Empirestil von 1802/03. Der alte Ortskern in Altheim entlang der Haupt- und Kirchstraße mit seinen schmalen Hofreiten und Fachwerkhäusern ist heute noch schön anzusehen und das zum ARThaus umfunktionierte klassizistische Rathaus ein Kleinod. Aber auch landschaftlich hat Münster etwas zu bieten, mit dem Naturschutzgebiet Faulbruch, dem Muna-Gelände und dem renaturierten Auengebiet Hergershäuser Wiesen am Unterlauf der Gersprenz.

Langsmühle

Kinoecke im Museum

Das Museum an der Gersprenz erzählt die Geschichte der Langsmühle, aber auch, wie die beiden Orte Münster und Altheim zueinander fanden. Im gemütlichen Gastraum ist eine Ecke »Kino, Kino« über die Kaisersaal-Lichtspiele eingerichtet, und im großen Saal im Obergeschoss finden wechselnde Ausstellungen und Veranstaltungen ihren Raum.

Das frühere Rathaus von Altheim, seit 2015 das ARThaus, ist dank des Vereins Kunst und Kultur Münster-Altheim heute eine Kulturbegegnungsstätte. Es gibt Ausstellungen, Lesungen mit Essen in der Literatur-Kantine, Konzerte, Kinderprojekte, aber

auch Open-Air-Veranstaltungen im stimmungsvollen Künstlerhof gegenüber.
Hauptstraße 2

Besonderer Tipp: Wer alte Kinos liebt, der muss die Kaisersaal Lichtspiele besuchen. Barbara und Dieter Herzing-Müller betreiben das urige Lichtspielhaus mit alter Kinobestuhlung und 6oer-Jahre-Tapete, aber digitaler Technik mit viel Herzblut. Sie bieten etwa in der Reihe »Cinema-Plus« regelmäßig einen besonderen Film, zu dem sie sich ein Dreigangmenü ausdenken. Gegessen wird im Kino selbst und die 194 Plätze sind meist ausverkauft. Außerdem gibt es ein beliebtes Restaurant und eine Pension.
Darmstädter Str. 23

Kaisersaal-Kino

Wisente

derspielplatz mit Rutsche, Spielgeräten und Beachvolleyball-Feld. **Friedrich-Ebert-Str. 73**

An einem idyllischen See, zwischen Münster und Breitefeld, liegt ein beliebtes Ausflugsziel für Familien. Im **Freizeitzentrum** gibt es einen Pavillon mit Grillstellen, eine Liegewiese, einen Spielplatz mit Kletterwand und Bolzplatz. Zur Stärkung kann man eine »Auszeit bei Maki« einlegen. **Munastraße 12**

Der **Bürgerpark** bietet einen Minigolfplatz und die »Mumbel Hütt« mit Biergarten und Kinderbiergarten. **Tannenstraße**

Auf dem **Skaterplatz** Abtenauer Platz ist viel Raum für Tricks mit dem Board, Inline-Skates & Co. Er ist noch relativ neu, aber mit seinen Treppen, Ledges und Rails beliebt. Gleich nebenan liegt ein Kin-

Auf dem **Muna-Gelände** in Breitefeld ist aus der einstigen Munitionsanstalt der deutschen Luftwaffe ein Naturparadies geworden. Man hat dort imposante Wisente angesiedelt, die 2022 drei Jungtiere bekamen. Fast ein Dutzend Wildpferde stehen dort ebenfalls. Ein naturpädagogisches Erlebniszentrum samt Aussichtsplattform und ein Museum im Militärbunker sind geplant.

Skaterplatz

FEIERN

Auf dem Vereinsgelände des FSV Münster startet im Juni die **Summer Begins Party**. Livemusik am Abend, DJ-Beats, Frühschoppen und Familiennachmittag läuten den Sommer ein. Die Musik organisiert der Verein Harvey Club, der im August auch das Techno-Festival **Widefield Open Air** im Freizeitzentrum veranstaltet.

Im September wird in Münster **Kerb** unter anderem mit einem Umzug über die Darmstädter Straße gefeiert. Einige Wochen später steigt die Kirchweih dann in Altheim.

Der Naturschutzbund lädt eigentlich traditionell Anfang Oktober zum **Kelterfest** an die alte Kläranlage am **Werlacher Weg**. Wegen der heißen Sommer will er das Feiern und die Herstellung des »Beschte Minsderer Moscht« künftig einige Wochen vorziehen.

Am ersten Adventswochenende öffnet der **Weihnachtsmarkt** seine Tore. Er ist im vergangenen Jahr vom Rathaus- auf den Vorplatz des Bahnhofs umgezogen. Der Nikolaus kommt, wie üblich, auf dem Ziegenschlitten. In der Langsmühle stellen die Münsterer »Kunst in der Mühle« aus. **Bahnhofstraße 48**

Nikolaus

Riesenrad ab Abtenauer Platz

Eistorte vom Eiscafé Venedig

Im **Eiscafé Venedig** gibt es nicht nur die üblichen Kugeln Vanille oder Erdbeer, zu Geburtstagen werden hier auch sehr originelle individuelle Eistorten mit Obst oder Blumendeko angefertigt. Darüber freuen sich nicht nur kleine Geburtstagskinder. **Hintergasse 1**

Georgische Spezialitäten wie Kinkahli oder Chatschapuri bietet Josef Korkotashvili am Wochenende im Traditionsrestaurant **Zum Löwen** in Altheim. **Leibnizstraße 6**

Wiesenmühler Verkaufshütte

Der **Hofladen Sauerwein** ist ein Familienbetrieb. Hier werden Gemüse und Spargel verkauft, hausgemachte Marmeladen und Honig stehen im Regal. Und es gibt Spezialitäten aus der Hofladenküche wie Herings-, Blumenkohlsalat oder Kochkäse. **Außerhalb 10**

In der **Wiesenmühler Verkaufshütte** kann man rund um die Uhr Regionales kaufen. Die Automaten sind mit Eiern, Wurst, Nudeln, Kartoffeln, Honig und sogar veganem Eis gefüllt. Im Advent gibt's Glühwein und Kinderpunsch. **Wiesenmühle 1**

Die meisten Produzenten seiner Produkte kennt Gerhard Dahms persönlich. In seinem **Weinhandel Chianti Toscana** bietet er Weine und Olivenöle aus der Region Italiens an, veranstaltet auch Degustationen und Weinabende. **Meisenweg 26**

Die **Weinhandlung Wolf** bietet deutsche und internationale Tropfen und weitere Spirituosen. Auch Weinproben werden dort veranstaltet. **Altheimer Straße 1**

Weinhandel Chianti Toscana

BUNTE VIELFALT
OBER-RAMSTADT

Der Geburtsort des Physikers Georg-Christoph Lichtenberg bezeichnet sich selbst als »Stadt der Farben«. Bunt ist auch das Freizeitangebot. Entlang der Modau, die den historischen Ortskern mit vielen Brücken prägt, laden ein Café und Restaurants zur Rast ein und es lässt sich hübsch bummeln. Glanzpunkt ist die restaurierte Hammermühle, in deren Scheunensaal heute Kunstausstellungen und Vorträge stattfinden. Das große Mühlrad im angrenzenden Hammerbach ist noch in Betrieb. Das alte Rathaus, einst von Pfarrer Johann Conrad Lichtenberg, dem Vater des berühmten Naturwissenschaftlers, erbaut, ist heute ein Museum. Sehenswert ist auch die Petri-Villa, eine Jugendstilvilla von 1850, mit hübschem Park, die als Begegnungszentrum genutzt wird. Das historische Handwerkshaus bietet heute Kreativen, Technikern und Handwerkern einen Ort zum Arbeiten und lädt zum Zuschauen und Zugreifen ein. In den Stadtteilen Rohrbach und Wembach erinnern die Waldenserkirchen und in Rohrbach das Museum und das Denkmal auf dem Marktplatz an Glaubensflüchtlinge aus dem 17. Jahrhundert, die aus dem Piemont in den Odenwald kamen. Auf den Friedhöfen sind noch historische Grabsteine zu sehen und man erfährt einiges über ihre Bestattungskultur. Der Parkplatz am Schwimmbad ist Ausgangspunkt für eine anspruchsvolle Mountainbike-Rundtour.

Im ehemaligen Bahnhof der Stadt wird heute an den berühmtesten Bürger erinnert. Die Lichtenberg-Sammlung mit Bibliothek gibt Einblicke in Leben und Werk des Wissenschaftlers, Philosophen und Aphoristikers. Sie öffnet auf Anfrage.

Bahnhofstraße 23

Im Museum im alten Rathaus kann man nach dem aktuellen Umbau hoffentlich wieder in die Rolle eines Fabrikanten oder eines Schichtarbeiters schlüpfen, um die Industriegeschichte des Ortes zu entdecken. Etwa die so wichtige Kunststoffindustrie, die auf das seit 1831 existierende Kammmacherhandwerk zurückgeht und an die heute die Seite www.kunststoffstrasse.info erinnert. Ein Röhr 8 Sportcabriolet und weitere Modelle im früheren Ratssaal zeugen davon, dass in der Stadt früher Autos gebaut wurden.

Otto-Weber-Anlage 1

Das Waldensermusem in der Alten Schule in Rohrbach erzählt die Geschichte der protestantischen Glaubensgemeinschaft aus dem Piemont, aus der sich etwa 240 Gläubige 1699 in Rohrbach, Wembach und Hahn ansiedelten. In den drei Orten stehen zudem Info-Stelen.

Daniel-Bonin-Str. 5

Altes Rathaus

Jagdpavillon

Drei Wanderwege in und um Ober-Ramstadt beginnen am Parkplatz Kuhfalltor (O1 bis O3). Der erste, 8,5 Kilometer lang, führt direkt zur Ruine des groß-herzoglichen Jagdpavillons an der Ludwigseiche, im Volks-mund »Häuschen« genannt, der 1845 erbaut und nach einem Brand rekonstruiert wurde. Der Rundweg passiert weitere Denk-mäler, bietet aber auch wunder-bare Ausblicke.

Alte Ober-Ramstädter Straße

Der Hugenotten- und Waldenserpfad beginnt in Frankreich und führt durch die Schweiz und Deutschland bis ins italienische Piemont. Eine Etap-pe davon verläuft von Bad Hom-burg über Ober-Ramstadt, Hahn, Wembach und Rohrbach weiter nach Neckarsteinach. In Ober-Ramstadt kann man am Park-platz Kuhfalltor (blauer Punkt mit grünem Strich) einsteigen.

WANDERN

Freibad

Auf dem 1,8 Kilometer langen Waldthemenpfad Breitenstein kann man den Wald mit allen Sinnen erleben. 18 Mitmachstationen bieten Infos über Bäume, Holzarten und die Geologie des Odenwaldes. Die Strecke kann man auch mit Kinderwagen begehen. Los geht es z.B. am Naturfreundehaus. Breitensteinweg 100

Das frisch sanierte Freibad bietet jetzt einen Sprungturm und im Nichtschwimmerbereich eine Breitwellenrutsche an. Am Becken kann man es sich auf der Liege bequem machen. Neben der großen Rasenfläche gibt es eine

Gastronomieterrasse. Nieder-Modauer Weg 2

Am MIAG-Park wurde eine Freizeitanlage für Jung und Alt geschaffen. Der Generationenparcours ermöglicht das Training von Koordination, Kraft, Ausdauer und Beweglichkeit, unabhängig von Alter und Körpergröße. Hundertwasserallee

Der großzügige BikePark der Radsportgemeinschaft bietet unterschiedliche Strecken für Anfänger bis Könner und ist samstags öffentlich zugänglich, allerdings gegen Eintritt. Grabengasse 55

Freizeitanlage am MIAG-Park

Beliebtes Wander- und Ausflugsziel ist das **Naturfreunde-haus am Heidenacker** mit Biergarten und tollem Blick in den Odenwald. Dazu gibt es herzhafte Odenwälder Küche und man kann sogar übernachten. **Breitensteinweg 100**

Hammermühle

Eine besondere Atmosphäre in historischem Gemäuer bietet das **Restaurant Hammermühle** mit dem schönen Innenhof. Dort wird auch gerne Hochzeit gefeiert. Kulinarisch verwöhnt Peter Hofmann die Gäste mit heimischer, kreativer Küche mit frischen Zutaten. **Hammergasse 9**

Die Remise an der Stadthalle bietet einen Mix aus Regionalem und Mediterranem. Im Sommer sitzt man schön im Hof unter Kastanien. **Entengasse 2**

In der urigen Kneipe **Zum Späßchen** ist die Zeit stehengeblieben. Die Küche ist deftig und gut. **Adlergasse 46**

Die **Goldene Nudel** in der ehemaligen Nudelfabrik am **Handwerkshaus** ist nicht leicht zu finden. Doch es lohnt sich. In kunstvollem Ambiente kann man speisen und idyllisch auf der Terrasse sitzen. An den Wänden hängt regelmäßig wechselnde Kunst. **Nieder-Ramstädter-Straße 48**

ESSEN & TRINKEN

Bei der **Nacht der Farben** im Mai wird die Darmstädter Straße zur Festmeile. An dem Samstagabend sind alle Geschäfte geöffnet, dazu gibt es Stände, Weinproben, Musik und Shows von Artisten, Jongleuren sowie am Ende ein Feuerwerk.

Am Sonntag nach dem 24. Juni gedenkt Rohrbach mit dem **Johannisfest** und einem Festumzug alljährlich der Besiedlung durch die Glaubensgemeinschaft der Waldenser. Hier heißt es **Gehannsdoag**.

Ebenfalls im Juni laden die Vereine in Ober-Ramstadt zum **Weinfest** auf den Rathausvorplatz. Außerdem feiert Modau sein traditionelles **Straßenfest** in der Kirchstraße.

Früher hat man beim **Grenzgang** mit einer Wanderung die Stadtgrenze kontrolliert. Heute hat er im Herbst eher Ausflugscharakter, bei dem der Revierförster etwas über den Wald erzählt. Anschließend wird eingekehrt bei Suppe, Würstchen und Musik. In Rohrbach gibt es einen eigenen Grenzgang.

Am ersten Wochenende im September wird die traditionelle **Owweremschdä Strassenkerb** gefeiert. In kleinerem Rahmen feiern die Ortsteile Wembach-Hahn, Rohrbach, Modau und sogar die Siedlung Eiche mit ihren Vereinen ihre eigene Kerb.
Hammergase 9

Im September wird seit einigen Jahren im Hof der Hammermühle das **Apfelfest** gefeiert, bei dem mit Kindern gekeltert wird und es Apfelringe oder Most zu kaufen gibt – für den guten Zweck.

Der **Adventsmarkt** der Künstlergemeinschaft Ober-Ramstadt war bislang am zweiten Adventswochenende in der Hammermühle zu erleben. 2022 zog der »KunstGenuss« ins Prälat-Diehl-Haus um. Einen kleinen **Weihnachtsmarkt** gibt es am zweiten Adventswochenende im Hof-Laden-Lautz.
Grabengasse 20/ Steinrehweg 2

Johannisfest

Nacht der Farben

In ihrer **Handweberei Siebörger** stellt Anja Ritter seit 2001 moderne Schals und Wolltücher, aber auch sakrale Gewebe in alter Handwebe-Technik her. Sie arbeitet für Privatleute, öffentliche Gebäude und Kirchen, stellt regelmäßig aus und gibt Kurse. Verkauf auf Anfrage. **Neugasse 48**

Astrid Karolius fertigt im **Handwerkshaus** schillernd-bunte Glasperlen-Unikate. Dort findet man aber auch ein Näh- und ver-

schiedene Malerateliers, eine Keramikerin sowie Antiquitäten. **Nieder-Ramstädter-Straße 48**

Individuelle Lichter für Garten und Flächen stellt die **Manufaktur Leuchtenzauber** in Modau her. Michael Knopp will sein »Atelier im Kuhstall« sogar zum Lädchen für Kunsthandwerk mit Licht ausbauen. **Odenwaldstraße 59**

Handweberei

Eichhof

In dritter Generation betreiben die Geschwister Evelyn Nieder und Philipp Lautz den Hof-Laden-Lautz. Ihr Angebot: Regionales, Selbstgemachtes, Waren zum Abfüllen. Vieles kann man im Hof auch direkt probieren.
Steinrehweg 2

Auf dem Eichhof werden Heresford-, Galloway- und Angus-Rinder sowie alte Schweinerassen gehalten. Das Fleisch, dazu Eier, Obst und Gemüse gibt es im Hofladen. In der Kochwerkstatt nebenan werden Kurse und Weinproben angeboten.
Im Seesengrund 16

Auf dem Hof von Bauer Buxmann in Modau werden Gemüse, Getreide und Kartoffeln angebaut. Im Buxmanns Hofladen gibt es noch viele weitere regionale Produkte von Partnerhöfen und im Sommer Bauernhof-Eis.
Kirchstraße 40

DIREKT VOM HOF

MIT WEITBLICK
OTZBERG

Die Veste Otzberg ist einer der markantesten Punkte des Kreises und thront weithin sichtbar auf ihrem 386 Meter hohen Basaltkegel über der Region. Sie stammt vermutlich aus dem 12. oder 13. Jahrhundert. Der Ausblick über den Odenwald und bis ins Rhein-Main-Gebiet ist beeindruckend. Am Wochenende, wenn der Biergarten geöffnet ist, kann man sogar den Bergfried, im Volksmund die »Weiße Rübe«, hinaufklettern. Das dortige Museum, das der Sammler Gerd J. Grein aufgebaut hat, ist leider geschlossen. Doch zu Otzberg gehören insgesamt sechs Ortsteile. Sehenswert ist auch das schön sanierte Hofgut Habitzheim. Das Alte Rathaus in Lengfeld ist, weil es mitten auf der Straße steht, nicht zu übersehen. Bis in die 1970er Jahre wurde der Verkehr noch durch die Durchfahrt im Haus geführt. Heute ist dort eine kleine Version des Museums für Odenwälder Volkskultur von Gerd Grein untergebracht.

Fans der alten ZDF-Serie »Diese Drombuschs« wissen sicher, dass diese damals in der heute verfallenen Bundenmühle in Lengfeld gedreht wurde. Die Heydenmühle ist zugleich Förderwerkstatt und Kulturzentrum. Von der ehemaligen Wasserburg in Schloss-Nauses stehen noch das Herrenhaus und der markante Torturm. Es gibt aber auch viel Natur zu entdecken in Otzberg.

Blick von der Veste

Eine **Kreiswandertour** des Odenwaldklubs (S2) führt rund um die Veste Otzberg. Start und Ziel ist der Bahnhof in Lengfeld. Von dort geht es nach Zipfen und Hering, dann hinauf zur Burg. Über den knapp 70 Meter langen Erlebnisaufstieg zur Veste geht es ausnahmsweise talwärts Richtung Nieder-Klingen und von dort (auf dem Weg NK1) zurück nach Lengfeld.

Der **Illinois-Wanderweg** (roter Kardinalvogel) erinnert an die Menschen aus Ober- und Nieder-Klingen, die um 1850 nach Amerika auswanderten. Er startet in Nieder-Klingen am Schützenhaus und führt auf zehn Kilometern hinauf auf den Hermesberg und zurück.

Den **Klinger-Storch-Wanderweg** hat die Storcheninitiative Nieder-Klingen gemeinsam mit dem Odenwaldklub und der Otzbergschule angelegt. Der acht Kilometer lange Rundwanderweg beginnt an der Otzbergschule in Lengfeld. Von dort geht es immer dem Storch nach bis zur Veste, nach Nieder-Klingen und auf dem Rückweg am Storchennest, der Heyden- und der Bundenmühle vorbei. An der Heydenmühle lohnt ein Abstecher in den schönen Kräutergarten.

Immer dem Storch nach

Waldbaden

Anja's Reitstall bietet nicht nur Reitunterricht und Platz für die eigenen Pferde an. Es gibt zum Kennenlernen auch geführtes Ponyreiten für Kinder, Ferienangebote und motopädagogisches Reiten.
Am Wolfenberg

Der **Aspenhof** in Hering ist ein Reiterhof, der auch Wanderreiten und Urlaub mit dem eigenen Pferd anbietet sowie Sitz des Reiterclubs ist. Auch dort gibt es regelmäßig Kids-Events mit Ponyreiten und die alljährliche Hofweihnacht.
Waldstraße 101

In Ober-Klingen betreibt Tanja Keßler ihren **Glücksgarten**. Die Naturpädagogin, die sich mit Wildkräutern und Heilpflanzen auskennt, bietet Naturcoaching und Veranstaltungen zum Waldbaden oder Kochen an. Dazu hat sie auch Gästewohnungen.
Wilhelm-Leuschner-Straße 14

Der Verein für Landschafts- und Denkmalpflege Hering lädt am ersten Sonntag im September traditionell zum **Bakkesfest** ein. Dann werden im alten Heringer Backhaus Sauerteigbrote und mehr gebacken. Der Ofen wird dafür bereits eine Woche vorher langsam angeheizt. **Burgweg 2**

Eine Woche später beginnt die viertägige **Kerb** im Zelt auf dem Festplatz. Der Umzug mit Blasmusik zieht durch den Ort. Die Habitzheimer feiern Anfang, die Owwer-Klinger Ende September auf dem Festplatz bei der Feuerwehr, während die Nieder-Klinger schon im Juli durch den Ort ziehen. Die Lengfelder Kerb folgt Mitte Oktober.

Eine besondere Sportveranstaltung im kleinsten Ortsteil der Gemeinde ist das **Nauses Deep Valley**, bei dem Radfahrer, Läufer oder Wanderer innerhalb einer bestimmten Zeit Runden im bewaldeten Tal von Ober-Nauses für den guten Zweck absolvieren können.

Im **Hofgut Habitzheim** gibt es eine gemütliche und kinderfreundliche **Hofweihnacht**. Besonders feierlich ist die **Waldweihnacht**, ein Gottesdienst der Evangelischen Kirchengemeinde Hering-Hassenroth in der Kapelle im Wald zwischen Hering und Ober-Nauses.

Töpfermarkt

Besonderer Tipp: Der **Otzberger Töpfermarkt** auf dem Gelände unterhalb der ehemaligen Schule in Hering ist in der gesamten Region bekannt. Seit mehr als 35 Jahren zeigen professionell arbeitende Töpfer dort im Mai die Vielfalt ihrer Arbeit. Die Aussteller kommen aus Hessen, Rheinland-Pfalz, Baden-Württemberg und Bayern.

Kaffee und selbstge-
backenen Kuchen
bietet am Wochen-
ende **Bernies
Café & Bis-
tro** in Hering an.
Abends gibt es
auch während der
Woche saisonale
Küche und Schnit-
zel.
Feldstraße 7

Grünewalds

Wenigstens bis zum Herbst 2023
ist der **Biergarten** im Burghof der Veste noch geöffnet,
dann hat das Land eine langfris-
tige Sanierung angekündigt. So
lange aber kann man die schöne
Atmosphäre im Burghof mit Tiro-
ler Spezialitäten von »Burg-Wirt«
Carsten Reimers, Livemusik und
der wunderbaren Aussicht genießen. Hoffentlich kann er nach
der Sanierung weitermachen, die
bis 2026 dauern soll.

Ein schönes Ausflugsziel ist die
Schmelzmühle in Ober-
Klingen. Im Lokal und im idyllischen Biergarten mit seinem na-
türlichem Dach aus »Blauregen«
wird bürgerliche Küche mit Bra-
ten, Schnitzel oder Wild serviert.
Bachstraße 43

Im ehemaligen Kuhstall in Ober-
Klingen hat die Familie Lutz das
Grünewalds liebevoll eingerichtet. In dem Restaurant serviert der Hausherr ausgefallene
saisonale Küche mit Zutaten aus
dem eigenen Bauerngarten und
von der Streuobstwiese. Im Hofladen gibt es weitere Köstlichkeiten.
Bachstraße 4

Im Sommer lohnt sich bei gutem
Wetter eine Einkehr bei **Fritz
kocht!** in Habitzheim. Zu Kuchen oder kleinen Gerichten gibt
es meist Musik, manchmal Kultur und immer nette Gespräche.
**Spachbrücker Straße
107 – 109**

ESSEN & TRINKEN

Unverpackt-Laden

In einem der Gebäude des Hofguts Habitzheim ist der Unverpackt-Laden mit dem schönen Namen **Emmas Erben** zu finden. Dort gibt es alle Lebensmittel in individuellen Mengen, ohne Verpackung.

Schlossgasse 7

Auf dem **Kohlbacher Hof** dreht sich alles um die Kartoffel. In vierter Generation werden dort verschiedene Sorten mit unterschiedlichen Kocheigenschaften gezüchtet. Wer seine Kartoffeln vom Experten kaufen möchte, ist bei Familie Böhm genau richtig. Zudem bauen sie auch Quinoa an.

Reichelsheimer Str. 104

Die Familie **Seeger** betreibt auf ihrem **Hof** in Nieder-Klingen Ackerbau, hält Hühner und Schweine. Im Online-Shop kann man Hähnchenfleisch bestellen und es dann auf dem Hof abholen. Für Gruppen gibt es auch Hofführungen.

Schützenstraße 1b

Habitzheim

HESSENTAG-STADT PFUNGSTADT

Villa Büchner

2023 ist Pfungstadt zum zweiten Mal Hessentags-Stadt und steht damit im Mittelpunkt des Bundeslandes – nach dem Motto: »Pfungstadt zieht an!« Und tatsächlich gibt es viel Sehenswertes, für das die Stadt anziehend ist, etwa seine historischen Gebäude. 14 Mühlen standen einst entlang der Modau. Statt der Mühlräder ist heute zwar eher der Turm der städtischen Malzfabrik das Wahrzeichen. Doch einige Mühlen gibt es noch: Besonders schön saniert ist die 1570 erbaute Kirchmühle im Zentrum. Gleich davor erinnert ein Denkmal an die übrigen Mühlen. Direkt über der Modau steht das Alte Rathaus mit der Säulenhalle im Erdgeschoss. Sehenswert sind auch die ehemalige Synagoge, das alte Pfarrhaus in der Borngasse, das älteste erhaltene Steinhaus der Stadt aus dem 16. Jahrhundert und das sehr schmucke Ried-Rathaus in Eschollbrücken, erbaut 1565. Die Malzfabrik als Wahrzeichen ist nicht unpassend, denn Pfungstadt ist auch ein Ort mit Industriegeschichte, etwa der Krappfabrik in der ehemaligen Frankensteiner Mühle. Wilhelm Büchner, der Bruder des Dichters Georg Büchner, kaufte sie 1845 und richtete dort seine Ultramarinfabrik ein. An ihn erinnert heute noch die Villa Büchner. Nicht zu vergessen die Pfungstädter Brauerei von 1846, die allerdings geschlossen werden soll. Die Hauptstraße Pfungstadts ist die Eberstädter Straße mit vielen Einkaufs- und Einkehrmöglichkeiten und mehr als 60 Fachgeschäften, meist inhabergeführt. Leider ist sie eine der Hauptstraßen der Stadt mit viel Verkehr. Umso schöner ist die Idee, am ersten Samstag im Monat dort von 7 bis 13 Uhr den Maggd uff de Gass abzuhalten und die Wochenmarktstände auf die Straße umziehen zu lassen.

Das Stadtmuseum in der ehemaligen Borngass-Schule ist derzeit geschlossen. Der Museumsverein bertreibt aber großzügige Räume in der Alten Remise der Zündholzfabrik Büttel. Dort sind Ausstellungen zur Pfungstädter Industriegeschichte und das Zirkuszimmer zu sehen. Rügnerstraße 35a

Besonderer Tipp: Die Geschwister Lorch besaßen im 19. Jahrhundert einen Zirkus und feierten als Ikariergruppe mit bis zu 12 Artisten weltweit Erfolge. Bald hatte der Circus Lorch sein Winterquartier in Eschollbrücken. Das Wohnhaus der Familie steht noch heute in der Pfungstädter Straße. Ende 1930 mussten die Brüder ihr Unternehmen wegen der Weltwirtschaftskrise und des immer stärker werdenden Antisemitismus aufgeben. Das Museum hat auch einen Film über die Familie erstellt.

Die Heimatstube Hahn im gleichnamigen Stadtteil informiert über dessen Geschichte. Sie öffnet auf Anfrage. Bürgerzentrum, Gernsheimer Str. 42

Die leuchtend blaue Decke mit den goldenen Sternen im heutigen Kulturhaus ehemalige Synagoge hinterlässt einen bleibenden Eindruck. Seit 1820 wurde das Gebäude als Synagoge genutzt, das beim Pogrom der Nationalsozialisten nicht in Brand gesteckt wurde, weil die Nachbarn um ihren Besitz fürchteten. Der Arbeitskreis ehemalige Synagoge macht auf Anfrage Führungen. Es gibt auch häufig Veranstaltungen. Im Nebengebäude mit der früheren Mikwe residiert das Stadtarchiv. Hillgasse 8

Etwas außerhalb der Stadt steht der Pfungstädter Galgen. Die noch erhaltene mittelalterliche Richtstätte besteht aus drei Steinsäulen. Hinrichtungen waren früher öffentlich und sollten als Abschreckung dienen.

Für Filmfans lohnt sich ein Besuch im 50er-Jahre-Kino Saalbau-Lichtspiele, das von Ehrenamtlichen betrieben wird. Sie zeigen Aktuelles, Arthouse und Klassiker, wie das Sissi-Bild auf der Fassade ankündigt. Es gibt auch Konzerte und Lesungen. Lindenstraße 71

Ehemalige Synagoge

Zwischen Modau und Bahnlinie im Osten der Stadt liegt die **Pfungstädter Düne** oder der **Eschollskopf**. Hier kann man schön entlangspazieren, auf der eiszeitlichen Flugsanddüne seltene Insekten beobachten und gefährdete Pflanzen entdecken.

Eingebettet in die Landschaft zwischen Odenwald und der weiten Ebene des Hessischen Rieds hat Pfungstadt viel Grün zu bieten. So lädt das **Pfungstädter Moor** zum Ausflug ein. Das Naturschutzgebiet mit dem Großen Moorsee entstand durch die Verlegung des Neckars zur Römerzeit. Man kann es auf ausgewiesenen Pfaden durchwandern. Ausgangspunkt für Spaziergänge ist am besten das **Naturfreundehaus Moorhaus. Bergstraße 180**

Eine natürliche Sehenswürdigkeit ist der **Pfungstädter Rüster**, eine knapp 450 Jahre alte Ulme, die rund 23 Meter hoch ist. Ihr Umfang misst mehr als sechs Meter. Sie steht in der Flur »Hinter der Steinmauer« direkt an der Autobahn A67.

Alte Ulme

Pungschder Kerb

2023 richtet Pfungstadt den **61. Hessentag** aus. Vom 2. bis 11. Juni gibt es bis zu 1.000 Veranstaltungen. Nach 50 Jahren kommt er bereits zum zweiten Mal in die Stadt.

Wer in den Ferien zu Hause bleibt, kann beim **Phungo Festival** auf dem ehemaligen Schwimmbadgelände mitfeiern. Dort gibt es zwei Wochen lang Livemusik, Kinderspaß, Zirkustheater, Illuminationen und vieles mehr – alles draußen und bei freiem Eintritt.

Zur **Pungschder Kerb** kommen traditionell mehr als 10.000 Gäste aus der Region. Am 2. Septemberwochenende beginnt sie mit einem großen Umzug durch die Innenstadt und endet mit dem Frühschoppen in vielen Gaststätten.

Am 3. Adventswochenende wird im historischen Ortskern **Weihnachtsmarkt** gefeiert. Zwischen Rathaus und Martinskirche stehen Stände, es gibt einen Kunst & Hobby-Handwerkermarkt und eine Weihnachtsausstellung im Alten Rathaus.

Das Pfungstädter Schwimmbad soll in den nächsten Jahren neu gebaut werden. Sportlich aktiv werden können Jugendliche aber seit 2019 auf dem gut 400 Quadratmeter großen Skaterpark.
Christian-Meid-Str. 33

Nur wenige Schritte weiter liegt die Miniaturgolfanlage des TSV. Hobbyspieler mit eigenem Schläger und Zubehör können sie mittwochsabends kostenlos nutzen. Sport- und Freizeitzentrum Nord Christian-Meid-Str. 11

In der nahegelegenen Akazienanlage ließ die Stadt einen Bouleplatz anlegen. Außerdem gibt es dort seit kurzem einen Bewegungsparcours

mit App-basierten Geräten für Herz-Kreislauf-Training, Kraft- und Flexibiliätsübungen. Er ist barrierefrei und gedacht für Senioren und Sportler.

Ebenfalls einen Boule- sowie einen Badminton-Platz und eine Wasserspielanlage für Kinder gibt es im Friedenspark.
Theodor-Heuß-Str. 37

Im Stadtteil Hahn lockt der Abenteuerspielplatz Kinder bis 16 Jahre. Hier gibt es Klettergelegenheiten, Seilbahnen, eine Wasserpumpe und Tische fürs Picknick danach.
Obergasse 82

Miniaturgolfanlage

Herberts Hofladen

Auf dem Wochenmarkt, der jetzt vor dem Stadthaus zu finden ist, werden jeden Samstag regionale Produkte angeboten.

Herberts Hofladen bietet frische Erzeugnisse aus der Region und hausgemachte Obstbrände. Verkaufsschlager: der Hannibal Gin.
Sandstraße 33

Im Hofladen steht auch das Bier der Kleinstbrauerei BrauDich im Regal. Dort wird nicht industriell produziert, das Bier erhält Zeit zum Reifen. Die drei Unternehmer bieten auch Brauereiführungen und Verkostungen an.
Sandstraße 33

Ob Tees oder Gewürze, in der Kräuterwerkstatt von Petra Kramer findet man eine Fülle von Produkten aus Mutter Natur. Die Fachfrau gibt auch Kräuterführungen im Lehr- und Versuchsgarten.
Pfarrgasse 22

In die Welt der Genüsse und Präsente führt das Geschäft Exzellent. Online und vor Ort gibt es auch Babygeschenke und sogar etwas für Hundefans.
Eberstädter Straße 29

Nils Bogorinski schafft in Bogos Holzwerkstatt individuelle Stifte und Schalen. Er verkauft sie online und in seinem Showroom im familieneigenen Optik-Geschäft
Eberstädter Str. 36

Auf dem Fasanenhof steht die Kuhle Jule, eine Milchtankstelle mit Hofladen für Gemüse, Eier und in einer mobilen Käserei selbst hergestellten Bauernkäse. Außerhalb 51

Christine Grossmann
bietet in ihrem Goldschmiedeatelier nicht nur schöne Unikate wie ihre Schutzengelsflügel an, sondern auch Goldschmiedekurse.
Eberstädter Str. 38

Im Tennisclub versorgt das
Café Restaurant Fontana
nicht nur die Sportler mit Spezialitäten der Saison. Sonntags gibt es hausgemachten Kuchen mit Blick auf die Tennisplätze. **Zu den Sportplätzen 8**

Der Name ist Programm:
Café, Tee & Co.
bietet auch ausgefallene Teesorten und reichhaltiges Frühstück. **Rheinstraße 10**

Im **nostos** fühlt man sich sofort wie im Urlaub in Griechenland. Das Familienunternehmen ist ein Café mit selbstgemachten Torten, griechischen Spezialitäten und zugleich Delikatess-Laden. **Eberstädter Str. 78**

Der **Brauereigasthof** mit Biergarten hat eine lange Tradition in der Stadt. Er bietet deutsche Küche mit regionalen Zutaten und frischgezapftes Bier. **Mühlstraße 1**

Die Kirchmühle
mit Biergarten direkt an der Modau verbreitet historische Mühlenatmosphäre. Dazu stehen auf der kleinen, feinen Karte Odenwälder Spezialitäten, es gibt Braukurse und einen kleinen Weihnachtsmarkt. **Kirchstraße 31**

Für viele Pfungstädter ist das
Gasthaus Zur Rose
ihr zweites Wohnzimmer. Das Muschelessen im Herbst und Winter ist da nur eine Spezialität. Im Sommer sitzt man sehr idyllisch neben dem »Kloane Heisje«. **Eberstädter Straße 60**

Kirchmühle

ESSEN & TRINKEN

KULTUR & NATUR
REINHEIM

Inmitten des Reinheimer Hügellandes und am Rande des Odenwalds gelegen, punktet Reinheim mit seiner Nähe zur Natur. Den Mittelpunkt aber bilden die schönen Fachwerkhäuser in der Altstadt, in denen unter anderem das Heimatmuseum untergebracht ist, und das kulturelle Zentrum im Hofgut mit dem angrenzenden Stadtpark. Die vier Stadtteile wie etwa Spachbrücken mit seinen kleinen Gässchen und romantischen Plätzen, oder Georgenhausen mit seinem Freizeitzentrum mit Teich und viel Grün, bieten dörflichen Charakter. Doch auch dort gibt es Kunstprojekte wie etwa 200 von den Ueberauern individuell gestaltete Stühle. Insgesamt mehr als 130 örtliche Vereine sorgen für ein reges kulturelles und sportliches Leben und feiern unter anderem im September im Stadtpark ihre Zeltkerb oder am dritten Advent den Iwweroer Weihnachtsmarkt. In Reinheim können Vereinsmitglieder zudem in die Luft gehen, auf dem nordöstlich gelegenen Segelfluggelände. Dort sehen sie das weitläufige Naturschutzgebiet Reinheimer Teich von oben. Die Gaststätte am Teich erlaubt wiederum einen guten Blick auf den Flugbetrieb. Und wer den Odenwälder Dialekt und seine Tradition gepaart mit viel Musik kennenlernen möchte, dem empfiehlt sich ein Auftritt des Spachbrücker Guggugg Jürgen Poth.

Hofgut

KULTUR

Im **Kulturzentrum Hofgut** gibt es seit 1990 Kino, Theater, Kabarett, Revuen, Konzerte, eine Galerie und als Höhepunkt die Reinheimer Satirewoche im September, wenn die besten Kabarettisten um den Satirelöwen konkurrieren. Zum Jahresausklang findet im Hof ein Weihnachtsmarkt statt.
Kirchstraße 24

Das **Heimatmuseum** entführt in die Geschichte des Ortes und seine Besonderheiten. Neben Sonderausstellungen sind ein Webstuhl oder eine alte Apotheke zu sehen, dazu Informationen über die Knopfmacher und sonntags werden in der alten Schmiede sogar manchmal noch Eisen geschmiedet.
Kirchstraße 41

Das Museum hat einen **Stadtrundgang zum jüdischen Leben in**

Reinheim vom Spätmittelalter bis zum Dritten Reich geschaffen. Er ist zu finden unter www.museum.reinheim.de.

Dass im Odenwald viele unterschiedliche Mineralien zu finden sind, davon kann man sich in der **Steuck'schen Stiftungssammlung** im Herrenhaus des Hofgutes überzeugen. Der Sammler Hermann Steuck hat sie dem Museum geschenkt. Im März gibt es dort eine vielbeachtete Sammlerbörse.

Im Saal der Gaststätte **Zum Kühlen Grund** kann man ebenfalls Mundartveranstaltungen oder Rock- und Blues-Konzerte erleben, und nebenbei gut essen.
Heinrichstraße 17

Heimatmuseum

Etwa 75 Hektar am
Reinheimer Teich stehen unter Naturschutz.
Viele seltene und bedrohte Tierarten leben dort, etwa die vom Aussterben bedrohte Europäische Sumpfschildkröte. Um das Gebiet führt ein etwa drei Kilometer langer Rundweg mit Infotafeln.

Reinheimer Teich

Die **Naturschutzscheune** am Reinheimer Teich mit ihrem Natur-Erlebnis-Gelände bietet auch für Kinder viele Aktionen und Infos rund um das Gebiet, die Tierarten und Pflanzen. Von der Empore aus hat man den besten Blick auf die Fläche des Tümpels mit Fröschen und Wassergeflügel.

Zur Grenze nach Groß-Bieberau liegt das Naturschutzgebiet

Forstberg von Ueberau.
Der Forstberg mit seinen 235 Metern ist ein erloschener Vulkan, dem ein Ueberauer sogar ein Märchen gewidmet hat.

Von Juni bis September öffnet das **Freibad** seine Tore. Das große Becken bietet Platz zum Schwimmen, mit dem Sprungturm und einer Breitrutsche aber auch Gelegenheit zum Herumtollen.
Am Schwimmbad 1

Freibad

In Reinheim beginnt ein anspruchsvoller Rundwanderweg. Die **Schloss-Lichtenberg-Tour** (S1) startet am Reinheimer Friedhof und führt durch Mischwald und über offene Landschaften durch Groß-Bieberau bis zum Schloss Lichtenberg im Fischbachtal und über Rodau zurück. Insgesamt ist sie 21 Kilometer lang.

Ab dem Sportplatz von Reinheim kann man auf der **BioTop-**

Route des Landkreises (rote Markierung) zu Fuß den Reinheimer Teich umrunden und auf fünf Kilometern an der renaturierten Gersprenz entlang nach Reinheim zurückkehren.

Mit dem Rad kann man eine 14-Kilometer lange genauso markierte Tour der **BioTop-Route** von der Obermühle in Groß-Zimmern, durch Reinheim bis nach Groß-Bieberau und zurück unternehmen.

Reinheimer Teich

Wochenmarkt

und fertigt daraus Tassen, Teller, Schalen und Vasen mit markanten Oberflächen. Nach Absprache kann man sie in ihrer **Keramikwerkstatt** besuchen.
Am Biet 16

Der **Wochenmarkt** ist jeden Donnerstag von 14 bis 18 Uhr in der Kirchstraße.

Dinge, die das Leben schöner machen, gibt's bei **ebbes**. Ob Schmuck, Deko oder Geschenke, die Auswahl ist groß.
Darmstädter Str. 43

Uschi Hönig arbeitet überwiegend mit Westerwälder Ton

Im Laden auf dem **Röderhof** gibt es Eier von den eigenen im Freiland gehaltenen Hühnern, dazu Weidehähnchen und viele weitere regionale Produkte.
Röderhof 23

Odenwälder Obstbrände, Whisky & Gin, alles handgemacht. Die **Obstbrennerei Göbel** verkauft ihre Köstlichkeiten direkt neben der Brennerei. Diese kann man bei einer Verkostung auch besichtigen.
Kirchstraße 67

Röderhof

Altstadt Café

Besonderer Tipp: Ein Muss beim Reinheim-Besuch ist das **Altstadt Café**. Im Nebengebäude einer alten Hofreite hat Danijela Floethe sich ihren Traum erfüllt und mit viel Liebe ein Café eingerichtet. Schon der Garten mit den kleinen Nischen ist gemütlich. Innen gibt es zwei Ebenen und eine Kinderspielecke. Auch das Essen ist besonders, von Bowls über Pancakes und Stullen bis zu Frühstücksboxen zum Mitnehmen.
Kirchstraße 50

ESSEN & TRINKEN

Blick aufs Flugfeld und dahinter ins Naturschutzgebiet. Das gibt es nur auf der Terrasse des **Auszeit am Teich**. Das Vereinslokal der Flugsportvereinigung bietet dazu deutsche, italienische und orientalische Küche.
Außerhalb 21

Eine beeindruckende Aussicht über das Gersprenztal und den vorderen Odenwald bietet das **Hundertmorgen-Stübchen** im etwas abgelegenen gleichnamigen Stadtteil. Sobald die ersten Sonnenstrahlen herauskommen, ist der Biergarten mit Kinderspielplatz geöffnet. Die Speisen sind regional und meist hausgemacht.
Hundertmorgen 2

Als eines der besten Dorfgasthäuser Hessens 2022 ausgezeichnet, ist die **Gastronomie im Hofgut** entsprechend beliebt. Besonders bei warmem Wetter, wenn man im Biergarten auf der Stadtmauer sitzen kann. Die Karte ist klein, aber fein, mit Frischem auch für Vegetarier.
Kirchstraße 24

Auszeit am Teich

Hundertmorgen-Stübchen

Gastronomie im Hofgut

VULKANKEGEL & HINKELSTEINE
ROßDORF

Durch den historischen Ortskern von Roßdorf kann man schön spazieren, bleibt am Historischen Rathaus von 1575 stehen und entdeckt den Alten Bahnhof, in dem heute das Museum untergebracht ist. Ein Besuch des zweiten Ortsteils Gundernhausen mit der denkmalgeschützten Evangelischen Kirche ist ebenso empfehlenswert wie auch ein Blick ins Grüne: Der Rehberg bietet dafür den besten Weitblick. Der Roßberg, ein längst erloschener Vulkankegel, ist der Hausberg des Ortes. An seinen Hängen wächst heute wie vor Jahrhunderten Wein. Noch älter ist die Menhir-Anlage aus der Jungsteinzeit. Roßdorf hat aber auch moderne Anziehungspunkte wie die Kunsteisbahn oder die Gartenbahnanlage zu bieten. Dazu einen besonders kreativen und verspielten Bewohner: Klaus Teuber, den Erfinder des ersten »Spiels des Jahres«, Die Siedler von Catan.

Historischer Ortskern

Alter Bahnhof

Das **Südhessische Handwerksmuseum** zeigt die oft harten dörflichen Lebensverhältnisse im 19. Jahrhundert. Hier kann man originale Werkstätten, von der Wagnerei bis zum Korbflechter, sehen. Auch eine dörfliche Arztpraxis ist nachgebaut. Dazu gibt es Konzerte, Vorträge und Lesungen im Alten Bahnhof. **Holzgasse 7**

Im Obergeschoss des **Alten Bahnhofs** hat der Kulturhistorische Verein die **Fekete-Galerie** eingerichtet, die die Malereien und Druckgraphiken des ungarischen Künstlers Esteban Fekete zeigt, der lange in Gundernhausen lebte. Die Initiative »Kunst von uns« veranstaltet nebenan regelmäßig Ausstellun-

gen, etwa im Sommer mit »Kunst in offenen Gärten« eine große Open-Air-Schau.

Hinkelsteine kennen wir vor allem aus den Asterix-Comics. In Roßdorf kann man einen Steinkreis mit **Menhiren** der Megalithkultur aus der Jungsteinzeit im Original sehen. Auf der Hirtenwiese, am südlichen Ende der Scheftheimer Wiesen, stehen noch sieben der ursprünglich 14 Steine und sind dank des Kulturhistorischen Vereins jederzeit zugänglich. Dieser bietet auch Führungen an.

Fekete-Galerie

Feiern mitten im Ort

Wenn im Sommer der Musikzug Roßdorf spielt und das erste Fass Bier angestochen wird, dann ist **Ortskernfest**. Dank des Engagements der Vereine gibt es viel Livemusik, regionale Spezialitäten, eine Kinder-Rallye, Spielangebote und eine Tombola.

Die **Kerb** in **Gundernhausen** ist bereits 1599 erstmals erwähnt. In dieser Tradition wird am ersten Sonntag nach dem 1. September vier Tage lang auf dem Kerbplatz gefeiert, mit Umzug, Tanz und Frühschoppen. Die Kerb in **Roßdorf** folgt Anfang Oktober auf dem Festplatz an der Riedbachaue.

Am alten Bahnhof gibt es Anfang Dezember Glühwein & Co. auf dem **Weihnachtsmarkt**. Ein besonderer Hingucker war zudem jedes Jahr das Haus von Tanja Roth im Grünen Weg dank gruseliger Deko zu Halloween oder einer üppigen **Weihnachtsbeleuchtung** im Advent. Corona und die Energiekrise haben das mehrfach verhindert. Hoffentlich gibt es 2023 eine Neuauflage.

Kunsteisbahn

Mitten in Roßdorf liegt das 1,6 Hektar große Freibad. Zum Sonnenbaden geht es auf die Wiese oder auf eine der 70 Liegen mit Sonnenschirm am Beckenrand. Sport- und Spielplätze gibt es auch sowie einen Kiosk.
Erbacher Straße 27

Im Winter lockt die einzige Kunsteisbahn des Landkreises im Freizeitzentrum Riedsbachaue, direkt neben dem Freibad, viele Schlittschuhläufer nach Roßdorf. Im Winter 2022/23 blieb sie allerdings wegen der hohen Energiekosten geschlossen.
Erbacher Straße 27

Wie bringt man den Menschen die Landwirtschaft näher? Der Karlshof lädt sie zu sich ein. Er hält Kühe und ist dazu ein Schulbauernhof. Einen Spielplatz und einen Barfußpfad gibt es auch.
Erbacher Straße 87

Auf dem früheren Bahngelände betreibt der Eisenbahnclub seit 1997 eine Gartenbahnanlage im Maßstab 1:11. Auf einer Strecke von 560 Metern können zu bestimmten Zeiten kleine und große Eisenbahnfans mitfahren. Die Fahrkarten gibt es im historischen Bahnhofsgebäude.
Holzgasse 7

Kühe vom Karlshof

Blick auf Roßdorf

Ein Ausflug über den Treppen-
weg auf den fast 270 Meter hohen Rehberg lohnt sich
schon wegen der schönen Aussicht auf Roßdorf und bis ins
Rhein-Main-Gebiet. Er steht unter Naturschutz und beherbergt
viele Vogelarten, Schmetterlin-
ge, seltene Insekten und Pflanzen.

Der Hügelweg ist ein Rundweg zwischen dem Geisenwald
und dem Roßberg, er führt durch
Felder und Weinberge, bietet
tolle Ausblicke, ungewöhnli-
che Sitzplätze und Infos über
Geschichte und Natur. Von
Roßdorf aus gibt es mehrere Zugänge über die Schulgas-
se oder den Roßbergweg an den
Erbsenbach, wo der Rundweg
(graues Sechseck auf grünem
Grund) startet.

Auf König Ludwigs
Spuren kann man von Roß-
dorf nach Ober-Ramstadt wandern (Rotes Quadrat). Los geht
es auf dem Parkplatz »Bessunger
Forsthaus« zunächst zum nach
König Ludwig III. benannten
Teich, dann zum Ludwigsturm
und weiter zum Parkplatz Kuhfalltor in Ober-Ramstadt.

INS GRÜNE

Beim **Metzgerei- und Gastronomiebedarf Erzgräber** kaufen eigentlich die Profis. Doch die professionellen Messer und Grillgewürze aus eigener Herstellung locken auch

Milch vom Karlshof

Hobbyköche.
Erbacher Straße 66

Der bereits erwähnte **Karlshof** bietet seine Milch und Regionales – vom Käse bis zu Cookies – natürlich auch zum Kauf an. Und das von 5 bis 22 Uhr in Selbstbedienungsautomaten. In einem davon gibt es auch gekühlte Milchshakes.
Erbacher Straße 87

Eier und Frischgeflügel direkt vom Hof in Reinheim-Georgenhausen bietet das **Landlädchen Strauß** an. Dazu gibt es Regionales, Blumen, Kränze und auch einen Kaffee vor Ort.
Theodor-Clausen-Straße 2

Noch ziemlich neu ist der **Hofladen Neumühle**, der sein breites Sortiment an Obst und Gemüse nicht nur vor Ort verkauft, sondern auch nach Roßdorf und Gundernhausen liefert.
Dieburger Str. 89

Kleine Buchhandlung und Café zugleich ist die **Schmökerstube**, in der man zum guten Kaffee eine ebensolche Beratung bekommt. Lesungen gibt es auch.
Wilhelm-Leuschner-Straße 11

Das **Sammeltassen-Café** im Südhessischen Handwerksmuseum ist an jedem ersten und zweiten Sonntag ein beliebter Anziehungspunkt mit selbstgebackenem Kuchen und Kaffee in besagten historischen Tassen.
Holzgasse 7

Familie **Edling** betreibt seit 70 Jahren Weinbau auf dem Roßberg. Probieren kann man ihn an den Wochenenden in der hauseigenen Winzerstube oder im Sommer im Hof des **Wein-guts**, wo auch gerne gefeiert oder zur Weinprobe geladen wird. Zu kaufen gibt es den Weißwein und die selteneren roten Tropfen natürlich auch. **Kirchgasse 9**

Das Restaurant **Zur Sonne** serviert gutbürgerliche Küche und Spezialitäten wie Surf & Turf. Für die warme Jahreszeit gibt es Plätze in Rosas Hof. Im Sonnensaal finden Lesungen oder Theateraufführungen statt.
Darmstädter Str. 9

Am Wochenende öffnet in Gundernhausen von April bis September der **Rödehof Biergarten**. Er ist besonders bei Familien beliebt.
Viehweg 22

Er heißt zwar **Roßdörfer Biergarten**, ist aber ganzjährig geöffnet und dank cooler Livemusik Kult im Ort.
Industriestraße 18

Schmökerstube

Roßdörfer Biergarten

UMRAHMT VON WIESEN UND WÄLDERN
SCHAAFHEIM

Die östlichste Gemeinde des Kreises mit ihren drei Ortsteilen Mosbach, Radheim und Schlierbach liegt am Fuße des Odenwaldes, unweit der hessisch-bayrischen Landesgrenze im reizvollen Bachgau. Schoffem, wie die Einheimischen in ihrem eigenen südhessischen Dialekt sagen, ist umrahmt von Feldern, Wiesen und Wäldern und bietet entsprechend viele Möglichkeiten zum Wandern und Radfahren, etwa zum Wahrzeichen des Ortes, dem Wartturm. Überregional bekannt ist Schaafheim aber eher für den ADAC-Odenwaldring, eine Anlage mit Outdoor-Kartbahn und Motocross-Parcours. Der historische Stadtkern mit seinen Fachwerkhäusern, wie dem Rathaus oder dem Geburtshaus des Heimatdichters Georg Schäfer in der Weedstraße, ist ebenfalls einen Abstecher wert. Wer mehr über die Geschichte Schaafheims erfahren möchte, kann am Marktkreuz beginnend den Hörweg durch den historischen Stadtkern verfolgen, der auch den Schoffemer Dialekt vorstellt. Für sportliche und kulturelle Veranstaltungen sorgen die rund 60 Vereine der Gemeinde.

Blick aus dem Wartturm

Eine kurze Wanderung zum **Wartturm**, dem 216 Meter hoch gelegenen Wahrzeichen des Bachgaus, lohnt sich wegen der Fernsicht immer. Vom Rathaus aus geht es durch die engen Gassen des Ortes, dann eine Steigung am »Löwenwirtsweiher« hinauf und durch die »Bobbelhohl«. Nun muss nur noch der 22 Meter hohe Turm hochgeklettert werden. Der stammt aus dem Jahr 1492.

Der **Biosphärenpfad** (blaue Markierung) führt auf zwei Kilometern an 17 Stationen entlang, die Informationen zu den verschiedenen Lebensräumen und ihren Bewohnern bieten. An einigen Stationen kann selbst geforscht werden. Ein Flyer dazu steht auf der Internetseite der Gemeinde. Los geht es am Parkplatz am Freibad.

Schlierbacher Weg

Die gut 10 Kilometer lange **Kreiswandertour** beginnt am Parkplatz an der Kulturhalle. Vorbei am Rathaus geht es zunächst bis zum Wartturm, dann Richtung Osten auf dem »Panoramaweg« weiter und schließlich ins Tal Richtung Schlierbach. Der Rückweg führt durch den Wald zwischen Schlierbach und Schaafheim.

Sporthallenstraße 1

Panoramaweg

Wichtelwald

Um die Schaafheimer Wichtel zu entdecken, braucht man schon ein gutes Auge. Das ist der besondere Spaß an der Wanderung durch den Schaafheimer Wichtelwald. Auf drei Kilometern, die auch mit dem Kinderwagen zu bewältigen sind, zeigen sich immer wieder kleine Gesellen, die man auch mit einer Führung und entsprechenden Geschichten kennenlernen kann. Los geht es auf dem Parkplatz Langstädter Straße. Vor- oder hinterher lohnt ein Besuch in der Wichtelstube. Untergasse 4

Das Freibad im Ort hat eine 47 Meter lange Rutsche. Und das ist nicht die einzige Attraktion. Es gibt ein 25-Meter-Becken zum Schwimmen, e nen Pool mit Sprudelduschen und Sitzbank und im Sommer Aktionen wie Mitternachtsschwimmen oder Open-Air-Kino. Schlierbacher Weg

m Familiensportpark können alle Generationen gemeinsam Kraft, Beweglichkeit und Koordination trainieren. Es gibt auch ein Boule-Feld. Heimatring

Die Straußenfarm Tannenhof ist die einzige ihrer Art in Südhessen und ein tolles Wochenend-Ausflugsziel. Dann gibt es Führungen und Produkte rund um den Strauß im Hofladen. Oder man spaziert einfach rund um die Weidefläche. Tannenhof 1

Strauße vom Tannenhof

Weihnachtsmarkt

Die **Scheffemer Kerb** steigt am letzten Augustwochenende auf dem Festplatz vor der Kulturhalle. Die Vereine wechseln sich bei der Organisation ab. 2022 gab es zum ersten Mal Kerbmädsche statt der üblichen Kerbborsche. Auch die Ortsteile Schaafheims feiern ihre Kerb.

Beim **Backesfest** am 2. Wochenende im September zieht der Duft von frischgebackenem Brot durch den Ortskern. Der Heimat- und Geschichtsverein erinnert daran, wie es früher in den alten Backhäusern zuging. Auch die Kirche und die Alte Kapelle sind dann in der Regel geöffnet.

Weedstraße

Wer deutsche, schottische, schwedische oder andere Tänze mag, der kommt beim **Volks-tanzfest** der Spielschar Hessen im September in der Kulturhalle voll auf seine Kosten. Man kann zuschauen oder mittanzen.

Ein im Bachgau beliebter **Weihnachtsmarkt** eröffnet am 3. Adventswochenende im Ortskern seine Pforten. Lokale Stände laden dann zum Bummeln ein.

Besonderer Tipp: Urban Priol tritt hier auf, Paddy Schmidt singt Irish-Folk. Dank des Event-Veranstalters Thomas Draxler gibt es in der neuen **Kleinkunstbühne Große Freiheit** ein hochkarätiges Programm. Und das bei 75 Sitzplätzen. **Rittersloch 2**

Torte aus Mella's Backstubb

Hochprozentiges gibt es in der Familienbrennerei **bachgau Destille**. Neben Obstbränden, Likören, Whiskys und Gin sind Besonderheiten wie Roter Weinbergpfirsich-, Bockbier- oder Apfelstrudel-Likör im Sortiment.

Ringstraße 64

Mella's Backstubb bietet individuelle Torten für Hochzeiten oder Geburtstage an. Sie ist am Wochenende aber auch eine kleine Eisdiele mit Kuchenangebot. Sonntags sollte man die frischen belgischen Waffeln probieren.

Schloßgraben 3

Seit Ende der 1970er Jahre baut Burkard Wolff auf dem Gelände der **Straßenmühle** nördlich von Schlierbach **Bio-Äpfel** an. Dort wachsen insgesamt rund 40 Sorten – alle Bio-zertifiziert. Der Hofverkauf ist nach Anmeldung möglich.

Straßenmühle

Fleisch- und Wurstspezialitäten von Tieren aus der direkten Umgebung bietet die **Metzgerei Gangolf**. Dafür steht Christian Gangolf, Scheffemer Bub, der auf dem Bauernhof aufwuchs und sich 2012 selbstständig machte. Er bietet auch wechselnde Mittagessen an.

Heinrichstraße 8

EINKAUFEN

Café & Eis

»Lieblingsplatz« steht über dem Sofa im **Café & Eis** der **Bäckerei Schachner**. Es ist ein Treffpunkt im Ort mit Frühstück, Eis und Kuchen sowie einer großen Terrasse. Drinnen ist Platz für Familienfeiern. Das Haupthaus der Bäckerei steht in Mosbach.
Taunusstraße 1

Pizza, Pasta & weitere mediterrane Spezialitäten gibt es im **La Casa** an der Bundeskegelbahn-Anlage. Ein großer Biergarten gehört ebenfalls dazu.
Industriering 10a

Deutsche und italienische Küche und polnische Spezialitäten wie Pierogi serviert Anna Zöhre in der **Sportlerschänke** in Mosbach. Besonders die Eiscreme von der Eismanufaktur in Groß-Umstadt ist im Sommer im großen Biergarten der Renner.
Gartenstraße 25

Mit dem Restaurant **Zur Brücke** gibt es noch eine familiär geführte Gaststätte in Radheim. Die Chefin kocht selbst und serviert Hausmannskost.
Ringstraße 44

Rathaus

VOM HIMMEL BEGÜNSTIGT
SEEHEIM–JUGENHEIM

Ein Name, zwei Orte, die vom Himmel begünstigt zu sein scheinen. Die Blütenpracht im frühen Frühjahr lockt viele Besucher an, ebenso wie das Schloss Heiligenberg, die Museen und prächtigen Villen, die den Charme der Bergstraße ausmachen. Der gemütliche Marktplatz in Seeheim mit dem beeindruckenden Renaissance-Rathaus, Baudenkmäler aus Gründerzeit und Jugendstil, Spaziergänge durch die Schlossparks, den Park am Kreuzberg und den Goldschmidts-Park, Wanderungen an der milden Bergstraße, dazu viel Kunst – das Angebot ist vielfältig in der Gemeinde mit ihren vier Ortsteilen. Und über allem thront das Lufthansa Trainings- und Conference Center mit dem einzigen Hotel der Fluggesellschaft. Ein beliebtes Ausflugsziel ist die Ruine der mittelalterlichen Burg Tannenberg oberhalb von Seeheim mit einer großen Aussichtsplattform. Bei Ausgrabungen dort hat man Beeindruckendes gefunden, etwa eine der ältesten bekannten Handfeuerwaffen der Welt und zuletzt gut 600 Jahre alte menschliche Knochen. Einen Abstecher zum Brunnen am Schulpädche in Seeheim sollte man ebenfalls machen, um die »lustigen Zeitgenossen« des Bildhauers Peter Lenk zu entdecken, die dort in die Luft schauen. Mit der Antenne Bergstraße hat der Ort sogar ein eigenes Radio, das dank vieler Ehrenamtlicher einmal im Jahr im Herbst für neun Tage auf Sendung geht. Das Stettbacher Backhaus bringt die Bewohner zu Backtagen zusammen wie vor 200 Jahren.

Blick von der Burg

Das Schloss Heiligenberg war im 19. Jahrhundert ein Zentrum europäischer Politik. Im Russenhaus, in dem die Bediensteten des Zaren untergebracht waren, des Schwagers des Hausherren Alexander Prinz von Hessen, erinnert an diese Zeit. Heute ist dort die Familiengeschichte und die Historie des Heiligenbergs erläutert. Die Stiftung bietet auch Führungen zu unterschiedlichen Themen an.

Im Gartensaal oder im Schlosshof finden regelmäßig Konzerte mit hiesigen und internationalen Künstlern statt. In der besonderen Atmosphäre gibt es viel Klassik, aber auch mal Jazz und Rock.

Das Museum Stangenberg-Merck ist ein wunderschönes privates Kunstmuseum

Schloss Heiligenberg

inmitten eines Parks mit weitem Blick über die Rheinebene gelegen. Es war das Elternhaus von Heidy Stangenberg-Merck, deren Bilder dort ebenso zu sehen sind wie Werke ihrer Mutter Marietta und ihres Mannes Karl Stangenberg. Helene-Christaller-Weg 13

Seeheim verfügt gleich über zwei Standorte des Bergsträßer Museums, einen im Anbau des Alten Rathauses, der Funde von der Burg Tannenberg zeigt, und das wenige Meter weiter eingerichtete Schulmuseum, das den Schulalltag zur Kaiserzeit nachempfindet. Ober-Beerbacher-Str. 1/ Kirchstraße 1

Die KulturMetzgerei in Seeheim besteht seit 2014 und will Künstlern einen Raum und eine Plattform zur Verfügung stellen. Mal finden sich dort Kunstinstallationen, mal ist es ein Atelier auf Zeit, mal gibt es Konzerte, Workshops oder einen »Kunstrummel«. Reinschauen lohnt sich. Bergstraße 6

Schulmuseum

Wie die Raubritter tafelten und kämpften, kann man im **Bergsträßer Museum** erfahren. Dort ist auch eine Replik der Tannenbergbüchse, deren Original im Germanischen Nationalmuseum in Nürnberg liegt, zu sehen. Im **Schulmuseum** kann man die Schulbank wie vor 100 Jahren drücken.

Ober-Beerbach liegt zwar nicht in den Anden, dennoch fühlen sich dort **Lamas** und **Alpakas** wohl. Das können auch die Menschen haben, die die beruhigenden Tiere auf **Trekkingtouren** begleiten können. Sie feiern aber auch Kindergeburtstage mit oder lassen sich von Schulklassen streicheln.
In der Grube 6

Der **Dirt-Bike-Parcours** ist für Jugendliche gedacht, die mit dem Rad Tricks und gewagte Sprünge auf dem Erdhügel-Parcours üben wollen.
Sandstraße

Der **Reit- und Fahrverein Seeheim/Bergstraße** bietet Reitunterricht für Jung und Alt an, ist aber besonders bekannt für seine Jugendarbeit. Es gibt auch Ferienkurse.
In den Weiherwiesen

In der **Werkstatt Sonne** können auch Kinder kreativ gestalten. Es gibt Workshops, Feriencamps und im Winter Kommunales Kinderkino.
Sandstraße 86

FÜR KINDER

Burg Tannenberg

vorbei, entdeckt das **Badehäuschen** an einem der ersten Schwimmbecken der nördlichen Bergstraße, kommt zur Klosterruine, dem **Kreuzgarten** mit Mausoleum und dem **Goldenen Kreuz**, dem Wahrzeichen Jugenheims.

Vom Rathaus in Seeheim aus kann man zur **Burg Tannenberg** hinauf wandern. Der insgesamt sieben Kilometer lange Weg (SJ1) führt durch den Schloss- und den Goldschmidts-Park aufwärts zur Burg, die auch eine Station des **Burgensteigs Bergstraße** ist. Durch das Stettbacher Tal geht es weiter zum **Schloss Heiligenberg** und hinunter nach Jugenheim.

Im **Schlosspark Heiligenberg** kann man sich zudem die Geschichte des Ortes erwandern. An insgesamt 16 Stelen entlang, beginnend am Brunnen im Schlosshof, spaziert man unter anderem am **Russenhaus**

Eine sieben Kilometer lange Wanderung rund um die **Neutscher Höhe** bietet besondere Ausblicke. Ausgangspunkt ist das Bürgerhaus in Ober-Beerbach. Von dort folgt man der Markierung OB1 hinauf zum Schafberg und der Hutzelstraße, einer der schönsten Panorama- und einer der ältesten Handelsstraßen im Odenwald. Über Neutsch mit seinen prächtigen Fachwerkbauernhöfen geht es zurück nach Ober-Beerbach.

Mausoleum

Open-Air-Kino

Am letzten Sonntag im Mai gibt es in Malchen das **Frühstück unter der Linde**. Die alte Dorflinde, die vermutlich schon im Dreißigjährigen Krieg stand, und der alte Dorfbrunnen bieten dafür die Kulisse.

Im Sommer feiern die **Seeheimer** ihre **Kerb** in der Scheune hinter dem historischen Rathaus. Auch in den anderen Ortsteilen, wie in Malchen oder Ober-Beerbach, wird gefeiert. Ende August ist es dann Zeit für die **Juremer Kerb**, die auf dem Festplatz der Vereine an der Bürgerhalle stattfindet.

Am ersten Adventssams- tag lädt der Heimat- und Ver- schönerungsverein von See- heim zum **Advent in der Scheune** mit Posaunen-

klängen und Flammkuchen ein. Am zweiten Advent erstrahlt traditionell der **Lichter- glanz im Schloss** Heili- genberg. Bei Zimtwaffeln, Brat- wurst und Punsch gibt es Musik, Märchenstunden und Aussteller mit Handgemachtem. Auf dem Ober-Beerbacher **Schafhof Drachenhöhle** wird im Stall **Hirtenweihnacht** gefeiert.

Tipp: Die denkmalgeschütz- te Freilichtbühne auf dem Ge- lände des Schuldorfs Berg- straße bietet von Juni bis September **Filmseher Open-Air-Kino** mit toller Atmosphäre und den schönsten Filmen des vorange- gangenen Jahres. Dazu gibt es Live-Kulturprogramm. **Bergstraße 4**

Schlosshof

Bei **Annette** Bombala kann man auf Schloss Heiligenberg gemütlich Kaffee trinken und herrschaftlich speisen, im Sommer auch im idyllischen Innenhof. Die Silvesterparty dort oben ist besonders beliebt. In der Hauptstraße 10 betreibt die Gastronomin auch das **Gasthaus Tannenberg. Auf dem Heiligenberg 8**

In Seeheim hat Andreas Schneider sein Hotel **Chaussee mit Brasserie** eröffnet. Zu den sieben Zimmern gibt es Frühstück, Kaffee, Kuchen und Torten oder Dinner-Angebote im gemütlichen Ambiente. **Tannenstraße 3**

Das **Café Vis à Vis** trägt seinen Namen zu Recht. Es bietet einen schönen Blick auf den Park des Villenave d'Ornon-Platzes. Dazu gibt es hausgemachte Speisen sowie Torten und Kuchen von der Backstube Schwind von nebenan. **Raiffeisenstraße 2**

Ebenfalls eine **Schöne Aussicht** bietet das gleichnamige **Café und Restaurant** in Stettbach. Dort gibt es kreative deutsche und klassische französische Küche. Der Blick von der Terrasse ist traumhaft.

Am Berg 9

Ein ebenso beliebtes Ausflugsziel im Sommer ist der **Seeheimer Waldgarten**, ein reines Freiluftrestaurant. Dort sitzt man unter Kastanien und kann regionale und bayerische Küche genießen. Im Winter bietet die Kaminstube Platz für 60 Personen.

Außerhalb 27

Das **Hotel und Restaurant Brandhof** liegt mitten im Wald. Es bietet eine rustikale Gaststube, den mediterranen Wintergarten und eine Terrasse, dazu regionale und saisonale Küche.

Stettbacher Tal 61

Im **seeheim's eat & meet** des Lufthansa Training- und Conference Centers werden die Speisen an vier Front-Cooking-Stationen zubereitet. Die Terrasse bietet Platz für Barbecues und Blick über das Tal.

Lufthansaring 1

Der Besitzer der Pfungstädter Brauerei, Uwe Lauer, hat in Ober-Beerbach einen alten Brauereigasthof übernommen und ihn nach 40 Jahren als **Deese Oddo** wiedereröffnet. Dort werden zum Bier kleine regionale Speisen serviert.

Ernsthöfer Straße 4

Waldgarten

Bettina Weißhaar sorgt dafür, dass die Seeheimer gut behütet sind. In ihrem Geschäft Lorbeer Textildesign im alten Ortskern fertigt sie besondere Kopfbedeckungen. Dazu bietet sie Taschen, Tücher und Wein aus Seeheimer Anbau.
Bergstraße 12

Gleich nebenan, im Schnick-Schnack Lädchen, gibt es fair gehandelte oder nachhaltige Geschenke, Dekoartikel und Kunsthandwerk, Feinkost und Schmuck.
Bergstraße 14

Im früheren Elektrofachgeschäft Bohn in Seeheim findet sich jetzt Bohn's Etagere, ein Feinkostladen mit vielen Produkten aus der Pfalz, der Heimat der Besitzerin.
Darmstädter Straße 7

Am Kiosk in Seeheim gibt es keine Zeitungen. Die kleine Manufaktur von Elke Reuter produziert Taschen für alle Gelegenheiten aus reinem Wollfilz.
Wilhelm-Leuschner-Straße 50

Lecker, ehrlich und regional sollen die Produkte sein, die Sandra und Sebastian Peter in Die kleine Region verkaufen. Feinkost, Seifen, Kosmetik und Kunstwerke gehören dazu.
Balkhäuser Tal 4

Gegenüber im Atelier handgemacht bieten die Keramikerin Ingmarie Gundlach und die Glaskünstlerin Andrea Breuer ihre Werke gemeinsam an.
Hauptstraße 24

In einem der alten Häuschen in der Hauptstraße von Jugenheim ist das ideenreich entstanden, das Kunsthandwerk, Accessoires, Geschenke und Schreibwaren verkauft.
Hauptstraße 38

Ihre besonderen Streichinstrumente bauen sie für Solo- und Orchestermusiker im ganzen Land. Wolfgang Kury & Caroline Krömmelbein fertigen in ihrem Atelier in der historischen Drachenmühle Geigen nach der Technik alter Meister und verleihen auch Instrumente. Nach Absprache darf man die Werkstatt besichtigen.
Stettbacher Tal 13

Odenwälder Bienenhof

In den schönsten Tälern des Odenwaldes stehen die Bienenstöcke der Familie Wagner. Im Hofladen auf dem **Odenwälder Bienenhof** in Balkhausen bieten sie den naturbelassenen Honig, Spirituosen und Kreationen mit Früchten, Gewürzen oder Nüssen an.
Schelleklingenweg 3A

Fleisch- und Wurstwaren von den eigenen Rindern und Schweinen verkauft der **Röderhof** in Seeheim im eigenen Hofladen. Dazu gibt es Eier von den hofeigenen Hühnern.
Außerhalb Seeheim 28

Auf den Hügeln rund um Ober-Beerbach stehen die Tiere vom **Schafhof Drachenhöhle**. Im Hofladen gibt es daher Lammfleisch und Würste, Lammfelle, aber auch Apfelsaft und Obstbrände von eigenen Obstsorten. Auf dem Hof wird zudem gerne gefeiert, etwa zur Schafschur.
In der Grube 10A

DIREKT VOM HOF

IN ALLER MUNDE
WEITERSTADT

In der Region ist Weiterstadt vor allem im Frühjahr in aller Munde, dann, wenn die lokalen Bauern ihren Spargel bis nach Frankfurt und darüber hinaus verkaufen. Fast rund um die Stadt mit ihren 25.000 Einwohnern erstrecken sich die Felder. Besonders schön ist es dann, auf den Wiesen der Hofläden zu sitzen und den Spargel vor Ort zu probieren. Doch Weiterstadt hat noch mehr zu bieten. Das Weiterstädter Filmfest genießt weit über die Stadtgrenzen hinaus Kultstatus, das Braunshardter Schloss gilt als eines der wertvollsten Baudenkmale des deutschen Rokoko und trotz der vielen Spargelfelder, der Nähe zu Darmstadt und dem Verkehrsnetz Rhein-Main gibt es idyllische Naherholungsgebiete. Der moderne Stadtteil Riedbahn bietet dagegen ein Gewerbegebiet mit zahllosen Einkaufsmöglichkeiten und Gastronomie.

Schloss Braunshardt

Farbenfrohes Schloss

Als »buntes Pralinenkästchen« bezeichnete Königin Victoria das **Schloss Braunshardt** wegen seiner farbigen Zimmer. Heute ist ein Teil bewohnt, ein anderer wird für Veranstaltungen genutzt. Der Förderverein bietet Führungen an. **Schloßgartenstraße 2**

Der noch erhaltene **Turm des Schlosses Gräfenhausen** von 1555 ist das älteste weltliche Gebäude der Stadt. Der Heimatverein hat dort ein Museum eingerichtet. **Turmstraße 4**

Ein moderner Hingucker an der Südseite des Marktplatzes ist das 2011 erbaute **Medienschiff** mit der Bücherei, die mit Kugelsesseln und einem Lesegarten auf der Dachterrasse ein besonderes Lesevergnügen garantiert.

Der **Kulturbahnhof (KuBa)** bietet rockige Livemusik, aber auch Kabarett, Theater und Tanzveranstaltungen im ehemaligen Bahnhof und ist längst eine Institution. **Bahnhofstraße 2**

Tipp: »Woodstock des Kurzfilms« Alljährlich an fünf Tagen im August flimmern Kurzfilme über die Leinwand im Braunshardter Tännchen. Das **Weiterstädter Filmfest** mit mehr als 200 Filmen aus rund 80 Ländern zählt zu den wichtigsten und ältesten europäischen Filmfestivals. Veranstaltet wird es vom Kommunalen Kino, das seit 1972 überwiegend von Ehrenamtlichen betrieben wird. Im Sommer werden Filme auch im Braunshardter Schlosspark gezeigt. **www.filmfest-weiterstadt.de**

Das **Genuss und Gartenfest** im Schlosspark Braunshardt hat sich nach fünf Jahren zur Tradition entwickelt. Mehr als 100 Aussteller aus vielen Nationen präsentieren im August im Schlosspark Pflanzen, Gartenutensilien, internationale Spezialitäten und mehr. Der schöne Park wird für weitere Veranstaltungen genutzt, wie das **Schlossgeplauder** mit Dinner oder ein **Summer Jam**.

Rock und Pop am Braunshardter Tännchen gibt es seit Jahren im September mit **RUPAT – Festival & Konferenz**, bei dem drei Tage lang lokale Musikgrößen und Nachwuchsbands spielen und sich vernetzen – bei freiem Eintritt.

Es ist aber auch ein Fest für Familien mt Kinderprogramm.

Die älteste **Kerb** in Weiterstadt wird im Herbst auf dem Postplatz in Gräfenhausen gefeiert. Die Grewweheiser Kerweborsch sorgen für vier tolle Tage.

Eine besondere Atmosphäre bietet das Schloss Braunshardt auch zum **Weihnachts- und Kunsthandwerkermarkt**, wenn es farblich erleuchtet ist. Am zweiten Adventswochenende, von Freitag bis Sonntag, strömen dann die Besucher, trinken Glühwein oder amüsieren sich auf der Eisstockbahn.

RUPAT-Festival

Das Hallenbad ist nicht nur im Winter ein Anlaufpunkt. Da es ganzjährig geöffnet ist, kann man auch im Sommer schwimmen und sich auf die Sonnenterrasse oder Liegewiese legen. **Büttelborner Weg 4**

Klettern zwischen Brontosaurus und Co., einen Tyrannosaurus-Rex mit Softball-Kanonen beschießen oder Gold waschen. Wo kann man das schon im Rhein-Main-Gebiet? Der **Dino Adventure Park** ist ein Erlebnis-Themenpark. **Gutenbergstraße 20**

Auf der **Keller-Ranch** mit eigenem Papageienhaus finden mehr

als 300 vernachlässigte oder heimatlose Tiere ein Zuhause. Idyllisch am Waldrand gelegen, sind Tierheim und Gnadenhof ein tolles Ausflugsziel. **Im Wasserlauf 3**

Auf dem neuen **Pumptrack** neben der Adam-Danz-Halle rollen die Räder dank der Hügel, Wellen und Schanzen, ohne dass getreten werden muss. Auf 650 Quadratmetern, einer eher kleinen Anlage, sind trotzdem viele Sprünge möglich. **Büttelborner Weg**

Sieben Sportgeräte bietet der **Generationen Aktivparcours** auf dem Gelände am Sportplatz. Dort können Jung und Alt Kraft, Mobilisation und Koordination trainieren. **Darmstädter Landstraße**

Mit **Rage Axe** hat Weiterstadt die größte Indoor-Axtwurfanlage Deutschlands. Auf knapp 600 Quadratmetern können auch Kinder ab 12 Jahre die Sportart ausprobieren. Es gibt zudem eine Anlage fürs Bogenschießen. **Brunnenweg 13**

Dino Adventure Park

Steinrodsee

Das Braunshardter Tännchen, ein Waldgebiet westlich von Weiterstadt, ist das Naherholungsgebiet der Stadt. Dort gibt es Spazierwege, am östlichen Rand eine Grillhütte, eine Minigolf- und eine Wasserspielanlage. Im Sommer findet dort das Filmfest statt. Seit 2012 gibt es einen Naturerlebnispfad, auf dem man mit dem Hörtrichter den Waldklängen lauschen oder an der Baumgalerie heimische Hölzer erkennen kann.

Der Steinrodsee in Gräfenhausen ist der zweite grüne Anlaufpunkt der Weiterstädter, an dem man aber nur spazieren oder entlangradeln kann. Eine Grillhütte bietet Platz für 60 Personen. Am Südufer liegt die Fischerhütte, eine Gaststätte.

Der Weiterstädter Rundwanderweg (WRW) ist durch eine Kooperation der Wandervereine der Stadtteile entstanden. Man kann auf rund 40 Kilometern einmal um die Stadt herumwandern oder fünf einzelne Touren durch die Stadtteile machen. Die Strecken sind auch zum Radfahren geeignet. Die Tafeln stehen in Weiterstadt am Medienschiff, in Braunshardt an der Georgenstraße/Schlossplatz, in Gräfenhausen am Postplatz, in Riedbahn Am Dornbusch an der Bushaltestelle und in Schneppenhausen am Bürgerhaus.

INS GRÜNE

Fischerhütte

Direkt an der Einkaufsstraße liegt das **BaciodiLatte**, modern eingerichtet mit Sommerterrasse zur Straße. In dem Café gibt es auch mal ausgefallene Eissorten wie Kaktusfeige.
Darmstädter Str. 62

Mitten in Gräfenhausen bietet die **Eis Ecke** leckeres italienisches Eis mit immer neuen Sorten. Sitzgelegenheiten gibt es allerdings nur gegenüber auf dem Kirchplatz.
Pfarrgasse 2

Allein die Terrasse mit Seeblick lohnt schon den Besuch in der **Fischerhütte** am Steinrodsee. Aber auch drinnen, etwa am Kamin, sitzt man gemütlich.
Triftweg 23

Beliebtes Ausflugsziel ist die **Nickelsmühle**, alteingesessener Biergarten zwischen Gräfenhausen und Schneppenhausen. Geboten wird zum Essen am Wochenende Livemusik von Rock bis Blues.
Schneppenhäuser Str. 49

Im **Darmstädter Hof** gibt es einen großen Hof zum Draußensitzen, im Sommer sogar mit Livemusik.
Darmstädter Str. 76

Traditionelle italienische Küche wird seit mehr als 25 Jahren im **Ristorante Europa** und auf der Sonnenterrasse serviert. Das wussten auch schon viele prominente Fußballer zu schätzen. **Triftweg 28**

Der **Asienpalast** in Riedbahn liegt neben dem Loop 5. In dem außergewöhnlichen Restaurant mit Aquarien und Fischbassins neben den Tischen kann man mongolisch, japanisch, chinesisch und thailändisch essen.
Am Dornbusch 4

Der Wochenmarkt von Weiterstadt ist samstags von 7 bis 13 Uhr geöffnet.
Darmstädter Str. 40

Im Loop5 im Stadtteil Riedbahn ist fast grenzenloses Shoppen möglich. Auf 56.000 Quadratmetern finden sich viele Shops und Restaurants, dazu demnächst mehr als 40 Entertainment-Angebote wie ein Free-fall Tower, ein Kletterparcours, ein Indoor-Spielplatz und ein Theater.
Gutenbergstraße 5

Hatice Durgun hat mit ihrem
La Hygge Concept Store
und ihrem Online-Shop eine gute Kombination gefunden. Der Shop ist klein, dafür das Angebot im Internet an nachhaltigen Wohnaccessoires und Mode umso größer.
Darmstädter Str. 29

Die Taschen und Rucksäcke der Marke Zwei sind modern und bunt. Im Werksverkauf gibt es auf mehr als 100 Quadratmetern Einzelstücke und B-Ware in großer Auswahl. Waldstraße 15

Andreas und Stefan Wigand brauen in ihrer Biermanufaktur Hopfenherz ihr eigenes Pils, Lager und sogar Weizen. Verkauft wird es in zahlreichen Geschäften in und um Weiterstadt. Feldbergstraße 3

Tänzer aus dem Rhein-Main-Gebiet, egal ob sie Tango oder Ballett machen, kaufen ihre Schuhe und mehr im Tanzsportlädchen von Torben Wolf.
Einsteinstraße 21

Shopping-Center

Hofladen Lipp

Seit etwa 30 Jahren kultiviert die Familie Myrzik Äpfel. Elf Apfelsorten und ihren Saft gibt es im Hofladen Gräfenhäuser Apfelbaum.
Sackgasse 2

Auf dem Rebstockhof Gräfenhausen werden Spargel, Kartoffeln, Wurst aus eigener Produktion und sogar Weihnachtsbäume angeboten. Man kann auch Gemüseparzellen pachten und selbst anbauen.
Hannemannsgarten 3

Im Hofladen der Familie Herge in Schneppenhausen gibt es Eier, Kartoffeln, Obst und Gemüse sowie selbstgemachte Marmelade und mehr.
Schützenstraße 16

Der bekannteste Hofladen ist der von Bauer Lipp mit seinem großen Angebot an Spargel, Obst und Gemüse. Auf dem Erlebnis-Bauernhof mit großem Hofgarten kann man auch wunderbar einkehren und den Spargel sowie im Herbst etwa tolle Kürbisskulpturen vor Ort genießen.
Steinbrücker Hof

Gleich nebenan liegt der nicht minder bekannte Tannenhof, auf dem die Familie Meinhardt seit fast 100 Jahren Spargel anbaut, aber auch anderes Gemüse und Obst im Hofladen anbietet.
Orfelder Rod 3

Spargelfelder

BILDNACHWEIS

Darmstadt-Dieburg, S. 127, S. 160 o., S 186 o.

Darmstadt-Dieburg, Bernd Dörwald, S 10, 13, 15, 18, 19, 21, 27, 28, 29, 31, 33, 34, 36 u., 37 o., 39 o., 40, 42 u., 43 o., 58, 63, 71, 74, 76 o., 78 u., 80, 82 u., 84, 85, 89, 101, 105, 111, 118 o., 132, 137, 151, 153 o., 166, 167, 168, 174, 176 o., 192, 193, 197, 199, 200, 201, 202

Darmstadt-Dieburg, Martina Emmerich, S. 45, 59

Darmstadt-Dieburg, Patrick Liste, S. 99 o., 126 u.

Darmstadt-Dieburg, Christoph Rau, S. 12, 30 o., 36 o., 52 u., 64, 65, 66 o., 72 u., 82 o., 125, 126 o., 134, 185

Darmstadt-Dieburg, Peter Rieber, S 14, 50, 52 o., 67 u., 109, 182, 184

Thorsten Willig, Frankfurt, S. S. 30 u. 66 u., 100, 106, 108 u., 115, 142, 143, 149, 181, 203

Gemeinde Eppertshausen, S. 44, 46 u., 47, 49

Stadt Griesheim, S. 67 o., 68, 69

Stadt Groß-Bieberau, S. 76 u., 77

Gemeinde Groß-Zimmern, Peter Wejwoda, S. 95, 96 o.

Herbert Ehmke (HE), Modautal, S. 107, 108 o.

Halloween Veranstaltung GmbH, Burg Frankenstein, S. 116, 117, 119

Michael Reiser, Waschenbach.info, S. 120 , 121 o.

Gemeinde Mühltal, S. 121 u., 123

Gemeinde Münster/Lena Brunn, S. 128

Stadt Pfungstadt, S. 150, 157

Stadt Pfungstadt, Günter Krämer, S. 153 u., 154

Stadt Reinheim, Jan Riedel Fotografie, S. 158, 161 u., 163

Stadt Reinheim, Grit Schieck, S. 165 o.

Gemeinde Roßdorf, Rüdiger Dunker, S. 169, 170 o.

Karlshof-Landwirtschaft, S. 170 u., 172

Gemeinde Schaafheim, S. 176 u., 178 o.

Gemeinde Seeheim-Jugenheim, S. 183, 186 u.

S. 16 Hofladen Kehr; S. 17 Weingut Kühnert, Maik van de Braak; S. 22 o. Darmstadt-Dieburg, Michael Prasch; S. 22 u. Brigitte Herget; S. 23 Darmstadt-Dieburg, Ulrike Bernauer; S. 24 Stadt Babenhausen; S. 25 o. Lilienhof; S. 26 o. naschlabor GmbH; S. 37 u. Erich Mertesacker; S. 38 NaturFreunde Dieburg e.V.; S. 41 Julian Dörr – kn12.de; S. 42 o. Petit Marché; 43 u. Café Momo; S. 46 o. Setchesball GbR; S. 46 u. Passionsspiele Eppertshausen; S. 48 Gutshof Thomashütte, Eppertshausen; S. 54 Die Sauna Erzhausen; S. 54 Wikipedia Ratki (Ränder beschnitten), S. 55 u. Mission Leben; S. 56 Torsten Friedrich; S. 61 Gemeinde Fischbach; S. 62 Florian von Uffel; S, 70 Wikipedia Joohnsi (Ränder beschnitten); S. 72 o. Heide Lederle; S. 73 Spargelhof Mönich; S. 75 TSG 1892 Groß-Bieberau, Jan Peters; S. 78 o. Wennel-Eis; S. 79 o. Bauernhof Albrecht; S. 79 u. senator GmbH/Werksverkauf Kahla Porzellan, Groß-Bieberau; S. 83 Rui Oliveira; S. 86 Cobigolf Groß-Umstadt; S. 88 Auenhof;

S. 90 o. Farmerhaus; S. 92 Golf Sport Park; S. 96 u. Wikipedia Thiotrix
(Ränder beschnitten); S. 97 Fahrwerk Groß Zimmern Kartbahn GmbH;
S. 98 o. Christian Kloft Zimmner Zeit, S. 98 u. Fahrwerk Groß Zimmern
Kartbahn GmbH; S. 102 o. Ghomri Wolf Khosrowi; 102 u. Museumsverein Messel; S. 104 Charlottenhof Messel; S. 110 Bergstraße Odenwald
GmbH; S. 112 Marktausschuss Bergweihnacht Modautal; S. 118 u. Bau-
erundguse; S. 124 Kristin Wicher; S. 129 Freiwillige Feuerwehr Müns-
ter/Michael Sühl; S. 130 Eiscafé Venedig; S. 131 o. Wiesenhütte; S. 131
u. Gerhard Dahms; S. 135 Wolfgang Fenig; S. 136 Stadt Ober-Ramstadt; S. 139 o. Werner Ferdinand; S. 139 u. Karl-Heinz Bärtl-Fotos; S.
140 Johannes Müller; S. 141 Eichhof; S. 144 Freundeskreis des Klinger
Storchs; S. 145 Tanja Keßler; S. 147 u. Grünewalds; S. 155 Manfred Pes-
ter 2020; S. 156 Herberts Hofladen; S. 161 o. Darmstadt-Dieburg, Ulrike Bernauer; S. 162 Susanne Mengler, Reinheim, S. 165 Mitte Hundertmorgen-Stübchen; S. 165 u. Hofgut-Gastronomie; S. 171 Lilli Weil,
Roßdorf; S. 173 o. Kaja Schäfer; S. 177 o. Wichtelstube, Claudia Huwer;
S. 177 u. Straußenfarm Tannenhof; S. 179 photographia; S. 180 Bäckerei
Schachner; S. 187 Freilichtbühne Seeheim-Jugenheim; S. 189 Seehei-
mer Waldgarten; S. 191 Odenwälder Bienenhof; S. 194 Richard Maaß;
S. 195 Stadt Weiterstadt; S. 196 Dino Adventure Park; S. 197 Restaurant
Fischerhütte am Steinrodsee;

alle nicht genannten Fotos stammen von der Autorin

Wir haben uns bemüht, die Inhaber der Urheber- und Nutzungsrechte
für alle Fotos zu ermitteln. Falls dies in einzelnen Fällen nicht gelungen
sein sollte, bitten wir diese, sich an den Verlag zu wenden.

DIE AUTORIN

Sabine Börchers lebt und arbeitet in Frankfurt. Die Autorin und freiberufliche Journalistin schreibt seit vielen Jahren über die Stadt und ihre Menschen, etwa über die 150-jährige Geschichte des Palmengartens. Die Literaturwissenschaftlerin und Kunsthistorikerin erkundete jedoch nicht nur die Region Darmstadt-Dieburg, sondern schaute auch in ihren Büchern »101 Ausflüge ohne Auto in Rhein-Main« und »Routen der Freiheit« bereits über die Stadtgrenze Frankfurts hinaus.

Staatliche
Schlösser und Gärten
Hessen

Prinz-Georg-Garten
Darmstadt

Zwischen Rosen und Rosmarin

Im Herzen von Darmstadt gelegen, ist der Prinz-Georg-Garten ein reizvoller Ort für eine kleine Auszeit. Während sich im 18. Jahrhundert Adlige zwischen Blumenrabatten und Gemüsebeeten der steifen höfischen Etikette entzogen, ist er heute für alle Besucher:innen eine Oase der Ruhe inmitten des Trubels der Großstadt. Entspannen Sie bei einem Spaziergang zwischen Blüten, Kräutern und Obstbäumchen und finden Sie ihren ganz persönlichen Lieblingsplatz inmitten spätbarocker französischer Gartenkunst.

Planen Sie Ihre nächste Auszeit:
www.schloesser-hessen.de

HESSEN

DER NEUE PACKENDE KRIMI DES SPIEGEL-BESTSELLERAUTORS!

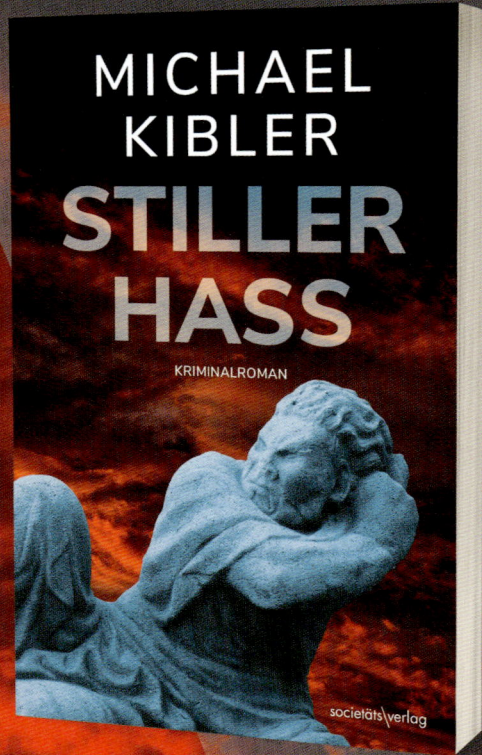

MICHAEL KIBLER

STILLER HASS

KRIMINALROMAN

societäts\verlag

Als Privatdetektiv Steffen Horndeich gemeinsam mit seiner Geschäftspartnerin, der Nachlasspflegerin Jana Welzer, in seinem Garten sitzt, bekommen sie unverhofft Besuch: Marco Seidel möchte Steffen Horndeich damit beauftragen, den Mörder der Schlagersängerin »Susanna« zu finden. Diese wurde bereits vor 19 Jahren ermordet und Seidel hat dafür im Gefängnis gesessen – unschuldig, wie er sagt.

Jetzt im Handel oder unter www.societaets-verlag.de